# 会社補償
# Q&Aとモデル契約

邉　英基　著

商事法務

# はしがき

　本書は、令和元年改正会社法により新たに創設された会社補償制度について、法務省民事局で立案の担当をした筆者の経験を踏まえて、適切な導入・運用の実務を解説することを目的としている。

　第1部から第6部までは、個別に設定したテーマごとに、制度の理解に重要な点や実務上検討を要するポイントなどを中心にQ&A形式でまとめている。各回答および解説は、理解が容易となるようにシンプルに記載するよう努めており、また、どの問から読み始めてもよいように相互参照も多く付している。

　第7部では、モデル補償契約の紹介とその解説を行っている。第6部までのQ&Aで解説した内容も踏まえており、関連する部分については参照を付している。

　わが国における会社補償の実務は今まさに始まったところにある。そのような中において、「モデル補償契約」という形で条項を示すことには正直なところ躊躇するところがないではない。しかし、補償契約の内容を具体的に理解せずに新たな会社補償制度を利用することはできない。本書では、読者の便宜にかんがみて、モデル契約を用意することとした。本書が今後の実務の発展に少しでも寄与することになれば、望外の喜びである。

　本書の執筆にあたっては、筆者が所属する事務所の弁護士やスタッフに大きく助けられた。特に、澤口実弁護士と渡辺邦広弁護士からは貴重なアドバイスを受けた。もちろん、本書の文責はすべて筆者にある。本書中意見にわたる部分は、筆者が過去に所属し、または現在所属する組織の見解ではなく、筆者の個人的見解である。

　最後に、本書の刊行は、株式会社商事法務の渋谷禎之氏および棚沢智広氏のご尽力がなければ実現しなかったものである。ここに記

はしがき

して感謝申し上げたい。

2021 年 2 月

邉　英基

# 目　次

## 第 1 部
## 総　　論

第 2 部
補償契約の締結・補償の実行

# 第３部
# 補償の範囲・要件

# 第4部
# 事業報告等による開示

# 第5部
# 改正法施行前後の対応

# 第6部
# 諸外国の概況

第7部
## モデル補償契約

# 凡　例

・法令等

| | |
|---|---|
| **法** | 会社法 |
| **施規** | 会社法施行規則 |
| **金商法** | 金融商品取引法 |
| **開示府令** | 企業内容等の開示に関する内閣府令 |

・文献等

| | |
|---|---|
| **一問一答** | 竹林俊憲編著『一問一答 令和元年改正会社法』（商事法務、2020 年） |
| **別冊①** | 商事法務編『令和元年改正会社法①――中間試案、要綱、新旧対照表――（別冊商事法務 No.447）』（商事法務、2020 年） |
| **別冊②** | 商事法務編『令和元年改正会社法②――立案担当者・研究者による解説と実務対応――（別冊商事法務 No.454）』（商事法務、2020 年） |
| **コンメ（8）** | 落合誠一編『会社法コンメンタール　第 8 巻　機関(2)』（商事法務、2009 年） |
| **コンメ（9）** | 岩原紳作編『会社法コンメンタール　第 9 巻　機関(3)』（商事法務、2014 年） |
| **コンメ（21）** | 落合誠一編『会社法コンメンタール第 21 巻　雑則(3) 罰則』（商事法務、2011 年） |
| **田中・法解説** | 田中亘「令和元年改正会社法の解説」月刊監査役 707 号（2020 年） |
| **田中・要綱解説** | 田中亘「会社法制（企業統治等関係）の見直しに関する要綱の解説」月刊監査役 695 号（2019 年） |
| **部会** | 法制審議会会社法制（企業統治等関係）部会 |
| **中間試案補足説明** | 法務省民事局参事官室「会社法制（企業統治等関係）の見直しに関する中間試案の補足説明」（2018 年 2 月） |
| **パブコメ** | 法務省民事局参事官室「会社法の改正に伴う法務省関係政令及び会社法施行規則等の改正に関する意見募集の結果について」（2020 年 11 月） |

| | |
|---|---|
| **会社法研究会報告書** | 商事法務研究会・会社法研究会「会社法研究会報告書」（2017 年 3 月 2 日） |
| **先進国調査** | 商事法務研究会「主要先進国における会社補償及び D＆O 保険の在り方に関する調査研究業務報告書」（2019 年 1 月） |
| **解釈指針** | コーポレート・ガバナンス・システムの在り方に関する研究会「法的論点に関する解釈指針」（2015 年 7 月 24 日公表） |

# 第 1 部

# 総　　論

# ① 会社補償とは

## Q1 会社補償とは何か

A 役員等が責任追及等の対応に要した防御費用・賠償金等を会社が補償することをいう。

### 解 説

法律上の厳密な定義はないが、会社補償とは、一般に、役員等が責任追及等の対応に要した防御費用・賠償金等を会社が補償することをいう。

会社補償は、訴訟提起等の現実的なリスクが高い米国を中心に発展したものであるが（米国その他外国の概況について第6部参照）、わが国においては、改正法が補償契約についての規定を定めるまで、どのような手続で、どのような範囲で許容されるかについて不明確な状況であった（Q10）。改正法は、補償契約を締結して行う会社補償について新たに規定を設けた（法430条の2）。

## Q2 会社補償の意義は何か

A 主に、適切なインセンティブの付与、優秀な人材確保、適切な防御活動による会社の損害抑止が指摘されている。

**解 説**

　会社は現代の社会経済活動において重要な地位を占めており、会社の業務執行等を担う役員等は個人として多様な責任追及等のリスクにさらされている。場合によっては、通常の個人ではおよそ賄いきれないほどの高額な責任追及を受けるリスクが存在し、訴訟等において防御活動をしようにも弁護士費用等高額な費用の負担を強いられる可能性がある。

　会社補償は役員等がその職務上さらされている個人への責任追及等のリスクを緩和しようというものであり、概要、以下のようなメリットがあると考えられている。

①　役員等が自らが責任追及等をされることを恐れるあまり過度に保守的な経営をすることを防止することができる（適切なインセンティブの付与）。

②　海外から優秀な人材を招聘することが容易となる。

③　役員等が適切な防御活動を行うことができるようになり、会社としてもレピュテーションの低下の防止その他企業価値の維持を図ることができる。

## Q₃　会社補償をなぜ法律で規定する必要があるのか

A 法律で手続等を明確化するとともに一定の歯止めを設けることで会社補償制度を適切に利用することができる環境を整備する必要があると考えられた。

**解　説**

　会社補償による役員等に生じる損失の填補が過度になると、役員等においていわゆるモラルハザードを起こす可能性があり、会社法が役員等に対して厳格な責任に関する規定（法423条等）を設けて違法行為等を抑止しようとした趣旨を損なう可能性がある。とりわけ、業務執行者に対する会社補償は、業務執行者が自らの責任追及等に関して負う可能性がある損失等を会社に補填させようとするものであるため構造的に利益相反性が高く、会社の利益を犠牲として自らに有利な内容の会社補償をしようとするおそれが高い。

　このような懸念から、会社補償に対しては否定的な見解も根強く、確立した見解はない状態であった（Q10）。他方で、会社補償の意義（Q2）についての認識も高まりをみせるようになり、法律により手続や許容される範囲を明確化するとともに一定歯止めを設けることで、会社補償制度を適切に利用することができる環境を整備する必要があると考えられた。

## Q4 会社補償にはどのような類型があるか

**A** 補償契約の締結や、補償義務の有無による分類がある。

**解 説**

1 補償契約の締結の有無による分類

法430条の2は補償契約を締結した上で行う補償の手続について規定をしている。もっとも、役員等に過失がない場合には、補償契約を締結せずに民法650条3項に基づき補償をすることも可能であると解されている（Q9）。

2 義務的補償と裁量的補償

会社が役員等に対して補償しなければならない義務を負うものと、会社は義務は負わないものの裁量により補償することができるものとに分類することも可能である。前者を義務的補償、後者を裁量的補償と呼称することとする。

役員等に過失がない場合に解釈上許容されている民法650条3項に基づく補償（Q9参照）は、役員等から請求があれば会社は補償する義務を負うことから、義務的補償である。対して、補償契約に基づく補償は、その補償契約の内容次第で、義務的補償とすることもできるし、裁量的補償とすることもできる（Q29）。

## ② 改正の概要

Q5 新たに設けられた会社補償に関する規定の概要はどのようなものか

A 株式会社が役員等との間で補償契約を締結して行う会社補償について、補償をすることができる損失等の範囲、補償契約に関する手続と開示について規定している。

解　説

　改正法は、会社補償に関する規定を新たに設けて必要な手続や限界等を規定することで、会社補償を利用しやすくするとともに、会社補償の濫用による弊害を抑止することとした（Q3）。

　改正法が設けたのは、株式会社が役員等との間で補償契約を締結して行う会社補償に関する規定である。このような会社補償について、補償をすることができる損失等の範囲および補償契約に関する手続と開示について規定している（法 430 条の 2、施規 121 条 3 号の 2～3 号の 4 等）。

　1　補償することができる損失等の範囲（Q55 以下）

　法 430 条の 2 第 1 項から第 3 項までにおいては、補償の対象が防御費用（弁護士費用等）と賠償金・和解金のどちらであるかに応じて、補償契約に基づき補償することができる範囲が定められている。

　2　補償契約に関する手続（Q33 以下）

　補償契約の内容の決定は取締役会（取締役会非設置会社において

は、株主総会）の決議によらなければならないとされている（法430条の2第1項）。また、取締役会設置会社においては、補償の実行をした後は、遅滞なく当該補償についての重要な事実を取締役会に報告しなければならないものとされている（法430条の2第4項）。

3 補償契約に関する開示（Q81 以下）

役員等との間で補償契約を締結している場合には、事業報告において補償契約に関する開示が必要とされ（施規121条3号の2〜3号の4等）。また、役員等の選任議案に係る株主総会参考書類において、候補者との間で補償契約を締結しているときまたは締結する予定があるときは、その補償契約の内容の概要を記載することとされている（施規74条1項5号等）。加えて有価証券報告書においても事業報告と同様の開示が求められる（開示府令第3号様式記載上の注意（35）、第2号様式記載上の注意（54）a・b）。

## Q6　会社補償に関する規定の対象となる役員等の範囲は

**A** 取締役、執行役、監査役、会計参与および会計監査人である。

#### 解　説

　会社補償の規定は、会社法がその責任について規定をしている取締役、執行役、監査役、会計参与および会計監査人を対象にすることとされている（法 423 条 1 項参照）。

　会社補償に関する規定が設けられたのは、そのデメリットの側面、すなわちモラルハザードによる会社法が定める責任規定の趣旨が没却されるおそれがあることに対処するところが大きい（Q3）。そのため、補償契約の相手方も責任規定の対象となるこれらの者に限定されている。

　これらに該当しない者との間での補償契約の締結および会社補償の可否は解釈に委ねられている（Q22～24）。

# Q7　職務執行と関係のない私的な行為に関して会社補償をすることは可能か

> **A**　役員等の私的な行為を原因とした責任追及等に関する補償は原則として補償契約の対象外である。ただし、責任追及等が役員等の地位や職務の執行に関連している場合には私的な要素があったとしても補償契約の対象とし得る。

**解　説**

　補償契約は、役員等の「職務の執行」に関して負うことがある損害等を対象とするものであるから（法430条の2第1項各号参照）、私的な行為に関連する責任追及等（例えば、自身の親の相続に関連する訴訟等）に対処するために要した費用等は基本的に同条の対象外である[1]。ただし、私的な要素があったとしても、役員等の地位や職務の執行に関連している場合（役員等の私的なスキャンダルを理由として会社に損害が生じたとする株主代表訴訟の提訴）は補償契約の対象とし得る。

　なお、役員が従業員を兼務している場合における、その従業員としての職務の執行についても、法430条の2第1項の「職務の執行」に関するものであるとして、同条の補償の対象とすることができる。

---

[1]　一問一答108頁。

## Q8　補償契約の締結に利益相反取引規制の適用がないのはなぜか

> A　政策的に適用を除外したからである。

**解　説**

　株式会社が取締役または執行役との間で補償契約を締結し、これに基づき補償をすることは、本来は、株式会社と取締役または執行役との間の取引（直接取引。法356条1項2号）として、利益相反取引規制の適用がある。

　この規制の適用があるとなると、取締役会（取締役会非設置会社にあっては株主総会）の決議等が必要となるだけでなく、以下のとおり役員責任に関する厳格な規制の適用があることとなる。

　①　株式会社に損害が生じた場合において当該取引に関わった取締役または執行役の任務懈怠が推定される（法423条3項）。

　②　補償契約を締結した取締役または執行役は任務懈怠について過失がないことをもって法423条1項の責任を免れることができない（法428条1項）。

　③　補償契約を締結した取締役または執行役の法423条1項の責任については、総株主の同意以外の方法による責任の免除が認められない（法428条2項）。

　もっとも、会社補償の意義（Q2）に照らすと、上記の規制の適用があるものとすると厳格に過ぎる[2]ということが考慮され、改正法は、代替する規律を設けるとともに、利益相反取引規制については適用しないものとしている（法430条の2第6項）。

---

[2]　田中・法解説19頁（注25）参照。

## Q9 補償契約を締結しないと会社補償はできないのか

> **A** 補償契約を締結しないで補償をすることも可能ではあるが、その範囲はより限定的となる。

**解 説**

　会社法が定める会社補償は株式会社が役員等との間で補償契約を締結し、これに基づき行うものであるが、補償契約を締結しないで役員等に対して補償をすることも一定の場合には可能であると解される。

　株式会社と役員等との関係は委任の関係に立つところ（法330条、402条3項）、民法上、受任者（役員等）は、受任事務を処理するために自己に過失なく損害を受けたときは、委任者（株式会社）に対して、その賠償を請求できるとされている（民法650条3項）。

　したがって、役員等に過失がなければ、第三者から損害賠償請求訴訟等を提起されるなどして役員等が要した費用等を株式会社が補償することは認められ、かつ、役員等がこれを株式会社に対して請求をすれば株式会社は補償しなければならないこととなる。

　もっとも、役員等に過失がある場合には、それが軽過失であったとしても民法650条3項の適用はないことから、役員等は損害賠償金・防御費用にかかわらず、株式会社は補償することができないと解される。そのため、補償契約を締結して行う補償の範囲（Q55以下）よりも補償することができる損失等の範囲は限定的となる。

　なお、過失がある場合であっても補償契約の締結なしに民法650条1項に基づき会社が一定の範囲で補償することが可能であるとする見解があるものの[3]、慎重に考えるべきである（Q21）。

---

[3]　会社補償実務研究会編『会社補償の実務』10頁（商事法務、2018年）。

## ③ 改正前の議論の状況

### Q10　改正前は会社補償は認められなかったのか

> A 役員等に過失がない場合については一般に許容されると解する のが近時の通説であるが、過失がある場合については確立した 見解がなかった。

**解 説**

　改正前においても、近時は、取締役が勝訴した場合の防御費用の 会社補償については、受任者が委任事務を処理するために自己に過 失なくして受けた損害（民法650条3項）に該当し、株式会社が負 担することができるものと一般に解されている[4]。

　他方で、取締役が敗訴するなど、取締役に過失がある場合の防御 費用や賠償金として被った損失等の補償に関しては、民法650条3 項の射程外であり、役員責任の規定の趣旨を潜脱するおそれがある ことなどの理由から否定的に考える見解も有力であった。

---

[4]　コンメ(8)153頁〔田中亘〕参照。

## Q₁₁ 解釈指針により会社補償は許容されていたのではないのか

A 解釈指針公表後もなお疑義が残っていた。

**解 説**

経済産業省が事務局を務めたコーポレート・ガバナンス・システムの在り方に関する研究会は、2015年に、解釈指針において、民法650条3項に該当しない場合であっても、例えば、以下を全て満たす場合には適法に会社補償をすることができるという整理を公表した。

① 補償が事前に締結した補償契約に基づきされるものであること。

② 補償契約の締結に際して利益相反の観点からの取締役会決議および社外取締役の関与（社外取締役全員の同意または社外取締役が過半数を構成する任意に設置された委員会の同意）を得ていること。

③ 補償の対象が、防御費用（民事上、行政上または刑事上の手続において当事者等となったことにより負担する費用）および第三者に対する賠償金のうち、職務の執行に関するものに限定されていること（株式会社に対する責任に関しては、防御費用は含めることはできるが、賠償金は含めることができない）。

④ 取締役に職務を行うについて悪意または重過失がないことが補償の要件とされていること。

しかし、利益相反取引規制の適用の有無や役員責任規制等の関係での疑義も指摘されていたところであり、解釈指針の公表後もなお解釈上は疑義が存在していた[5]。

5　中東正文「会社補償・D&O 保険」ジュリスト 1542 号 48 頁以下（2020 年）、「『会社法制（企業統治等関係）の見直しに関する要綱』の検討」ソフトロー研究 29 号 86 頁（2019 年）〔田中亘発言〕参照。

## Q12　改正によってこれまでの解釈は否定されるのか

> A　過失がない場合の補償についての解釈は変更がない。過失がある場合の補償については法430条の2によるべき。

### 解　説

　改正法は、役員等に過失がない場合における法330条および民法650条3項に基づく補償に関する解釈を変更するものではないとされている[6]。したがって、過失がない場合において補償契約を締結せずして行う補償については改正後も許容されるものと解される（Q9）。

　他方で、過失がある場合については、改正前の解釈自体に確立した見解はなかったのであるから、改正法施行後は、法430条の2に従って行うべきと考える。改正法の施行前に、解釈指針等に依拠して締結したものであっても、施行後、法430条の2に従って補償契約を締結しておいたほうがよい[7]。

　なお、解釈指針（Q11）において示された考え方は、引き続き施行後に補償契約を締結する上でも参考となる。例えば、解釈指針は、社外取締役を活用することでその適法性、合理性を担保することができるとし、補償契約の締結の際には、取締役会決議に加えて、社外取締役の関与（社外取締役が過半数の構成員である任意の委員会の同意を得ることまたは社外取締役の全員の同意を得ること）を要件としている。会社法が新たに設けた会社補償においては、補償契約の内容の決定に際して社外取締役の関与までは要件とはされていないが、補償契約の締結や実行に係る判断の場面で、その適法性や

---

[6]　一問一答107頁（注2）。
[7]　別冊②座談会99頁〔神田秀樹発言〕、田中・法解説11頁参照。

合理性を担保する観点から社外取締役の関与を会社が任意に条件に
することは妨げられない（Q51）。このような形での社外取締役の
活用は、事業報告において開示事項とされている「職務の適正性が
損なわれないようにするための措置」にも該当する措置と考えられ
る（Q85）。

# 4 責任限定契約と補償契約の関係

## Q13 責任限定契約と補償契約の違いは何か

A いずれも役員責任の負担を軽減するための契約であるが、その対象および要件が異なる。

### 解 説

　責任限定契約は、株式会社が非業務執行取締役等との間で締結する法423条1項の責任について一定額（定款で定めた額の範囲内であらかじめ株式会社が定めた額と最低責任限度額とのいずれか高い額）までを限度とする旨の契約をいう（法427条）。責任限定契約を締結するためには定款の定めが必要である（同条1項）。責任限定契約の対象は法423条1項の責任に限定され、契約の相手方も業務執行取締役や執行役は除かれている。責任限定契約の趣旨は社外取締役等の人材確保であると考えられているが、補償契約と同様に、事前に契約を締結しておくことで役員等が個人として責任追及等をされることを過度に恐れることへの対処する意義も認められる[8]。

　他方で、補償契約は、株式会社が役員等に対して役員等がその職務の執行に関し受けた責任追及等の対応に要した防衛費用・賠償金等を株式会社が補償する旨の契約をいう（法430条の2第1項）。補償契約の締結には、定款の定めは不要である。補償契約は、責任限

---

[8] 田中亘「取締役の責任軽減・代表訴訟」ジュリスト1220号34頁（2002年）参照。

定契約がその対象としていない第三者に対する賠償金、和解金を補償の対象としており、かつ、防御費用もその対象としている。もっとも、責任限定契約が対象とする法423条1項の責任を含め、会社に対する賠償金・和解金はその対象外とされている。

## Q14 責任限定契約を締結していれば補償契約は不要ではないか

A 両者は補完し合う関係にあり、不要とはならない。

**解 説**

　責任限定契約は業務執行取締役や執行役は締結することができない上、責任限定契約を締結していたとしても、下記のとおり両者が対象とする範囲は異なっている。

| | 補償契約 | 責任限定契約 |
|---|---|---|
| 防御費用 | ○ | × |
| 第三者に対する賠償金 | ○ | × |
| 会社に対する賠償金 | × | ○ |

(注)　対象とし得るものについては○を付している。なお、○を付している場合であっても一定の制限は存在する。

　上記から明らかなとおり、両者は補完関係にあり、責任限定契約の締結によって補償契約の締結が不要とはならない。

## ⑤　D&O 保険と補償契約の関係

### Q15　D＆O 保険と補償契約の違いは何か

> **A** いずれも役員等が責任追及等を受けて被った損失を填補することを目的とする契約であるが、D&O 保険では損失が保険会社により填補され、補償契約では会社により填補される。

**解　説**

　D&O 保険は、役員等が責任追及等を受けて被った損失を第三者である保険会社が填補する保険であり、株式会社が補償をする会社補償とは異なる。もっとも、会社補償と趣旨が共通する部分も多く、会社補償と同様の意義（役員責任による萎縮の防止、優秀な人材確保、適切な防御活動による会社の損害抑止）が認められる一方で（Q2 参照）、モラルハザードを招くリスク等の観点から立法によって手続を明確化をすべきと考えられた（Q3 参照）。そこで、D&O 保険についても、改正法において、会社補償と併せて新たに規定が設けられた（法 430 条の 3）。

　ただし、D&O 保険の場合には、保険会社という第三者が介在する取引ではあり、利益相反性やモラルハザードを起こすおそれは補償契約に比すれば相対的に小さいとの評価もできる。実際に、会社法に設けられた D&O 保険に関する規制は、会社補償よりも緩やかなものとなっており、例えば、D&O 保険については填補すべき損失等に関する制限は存在しない（法 430 条の 3）。

## Q16 D&O 保険に加入していれば補償契約は不要ではないか

A 補償契約によって D&O 保険でカバーしきれない部分について対応することが可能である。

**解 説**

　D&O 保険によっても、一定限度で対応は可能であるが、保険金額や免責金額といった絶対額での限定があったり、特殊なリスク等については免責事由が定められたりすることなどがある。そのため、補償契約により D&O 保険でカバーしきれない部分について対応しておくということも考えられる。

　また、米国などから外国人材の登用を検討している会社においては、候補者から補償契約の締結を求められる可能性もあるものと考えられる。米国では多くの大企業が補償契約等によって争訟費用の義務的な補償を提供しているとの指摘がある[9]（Q97）。

　他方で、補償契約に基づき許容される補償の範囲には法律上の制約が存在することから、補償契約があれば D&O 保険が直ちに不要になるということでもない。実際に、（日本よりもより緩やかに補償が認められると思われる）米国の補償契約においても、会社による D&O 保険の維持等について一定の範囲で規定していることが多い（Q101）。

---

[9] 先進国調査 9 頁。

## Q17　D＆O 保険に加入しているときに締結する補償契約の内容について留意することはあるか

> A　D&O 保険の保険金と補償契約に基づく補償の二重取りとならないかなど相互の関係を整理しておくことが望ましい。

**解　説**

　株式会社が役員等と会社補償を締結する場合において、当該役員等を被保険者とする D&O 保険にも加入している場合には、当該補償契約においては、当該役員等が同一の損失について D&O 保険と補償契約に基づく填補の二重取りをすることにならないかという点も問題になる。D&O 保険の内容を踏まえて、補償契約と D&O 保険の相互の関係を整理しておく必要がある。

# 6 責任免除規制と会社補償との関係

## Q18 役員の責任免除に関する規制はどのようなものか

A 法423条1項の責任等は、原則として総株主の同意を得なければその責任を免除することができないこととされている。

**解 説**

　株式会社による役員等の法423条1項に基づく責任の免除は、株主の利益を害するおそれが高いことや、各株主による株主代表訴訟を通じた責任追及が妨げられることから[10]、法424条から426条までの手続および範囲にしたがって行わなければならない。その概要は下記のとおりである[11]。

| | |
|---|---|
| 法424条 | 総株主の同意を得て行う免除 |
| 法425条 | 役員等が善意・無重過失であるときに、株主総会の決議によって、一定の限度までの範囲で行う免除 |
| 法426条 | 定款の定めに基づき、役員等が善意・無重過失であるときに、取締役会の決議によって、一定の限度までの範囲で行う免除 |

　また、その他にも、会社法上、役員等の会社に対する責任につい

---

[10] コンメ(9)286頁〔黒沼悦郎〕。
[11] 責任限定契約については、免除とは性質が異なることからここでは除外している。また、議論を簡略化するため、当該責任が旧株主による責任追及等の訴え（法847条の2）やいわゆる多重代表訴訟（法847条の3）の対象に該当しないことを前提としている。

ては、免除に総株主の同意を必要とする旨が定められているものが
ある（法120条5項等）。

## Q19 役員の責任免除と会社補償は違うのか

A 会社補償が実質的に責任免除規制の潜脱とならないように法律で調整がされている。

**解 説**

役員等が会社に対して支払うべき損害賠償金を株式会社が会社補償によって填補することになれば、実質的に責任の免除となる。

他方で、会社補償は、補償契約を締結する際にも取締役会（取締役会非設置会社にあっては、株主総会）の決議で行うことができ、補償の実行の場面においては取締役会または株主総会の決議は必須とはされておらず、会社法の定める役員等の責任の免除の手続（Q18）よりも緩やかな手続でこれを行うことができるものとされている。したがって、会社補償を通じて、役員等の会社に対する責任を免除することができることになると、会社法の定める責任免除規制の潜脱が容易となる。そこで、会社に対する責任については会社補償の対象からは除外されている（法430条の2第1項2号）（Q70）。役員等の責任免除規制を会社補償に優先させることにしているのである。

また、役員等の責任免除規制が優先されるという考え方は、会社が役員等に対して有するべき求償権との関係でも同様に採用されている。すなわち、会社が第三者に対して損害を賠償した後に有すべき役員等への求償権も通常は法423条1項に基づく責任を根拠とするため、この求償権が会社補償を通じて実質的に免除されることがないように手当がされている（法430条の2第2項2号）（Q73）。

## [7]　報酬規制・費用償還請求と会社補償との関係

Q20　会社補償の趣旨で報酬を増額することは可能か

A 報酬を増額することはできないと解される可能性がある。

### 解　説

　取締役の報酬の増額は、株主総会の決議により定めた金額（法361 条 1 項 1 号）の範囲内であれば取締役会の決議のみでこれをすることが可能であり、当該株主総会の決議も普通決議で足りる。あらかじめ役員等が職務執行に関して生じ得るリスクも見込んで、職務執行の対価である報酬の額を定めることは合理的といえる。

　もっとも、役員等が会社に対する責任の追及を受けて被った損失について塡補することを目的として報酬を増額することについては、会社法の定める責任免除規制（法 424～426 条）の脱法になる可能性があるとの指摘がある[12]。

　また、会社補償の趣旨で報酬を増額しようとする場合には、取締役会が定めるべき報酬の決定方針（法 361 条 7 項）の内容との整合性や、その合理性や正当性について問われる可能性があると思われる。

---

[12]　改正法の成立前の議論ではあるが、山下友信ほか「役員責任の会社補償とD&O 保険をめぐる諸論点〔中〕」商事法務 2033 号 14 頁〔山下友信発言〕（2014年）。

## Q21　費用の償還請求によって会社補償をすることは可能か

> **A** 役員等に過失がある場合を念頭に置くと、費用の償還請求を補償契約に基づく補償に代替することは困難である。

**解　説**

　役員等と会社との間は委任に関する規定に従うものとされており（法330条、402条3項）、役員等は委任に関する規定である民法650条1項に基づき「委任事務を処理するのに必要と認められる費用」について償還をする権利を有する。なお、監査役等については、同項の特則として、会社法に費用の償還請求権が定められており、会社が「必要でないこと」を証明しないと費用の支払いを拒めないものとされており（法388条等）、民法上の償還請求権における必要性についての立証責任が転換されている。

　そして、役員等が職務に関連して受けた責任追及等によって被った損失は、役員等の過失の有無にかかわらず、かかる費用の償還請求権の行使とそれに基づく支払いという形で、一定の範囲で補償することが可能であるとする見解がある[13]。

　これに関し、役員等に過失がない場合にあっては、当該損失は民法650条1項（または同条3項）に従って補償をすることが可能であるという点はあまり異論はないと思われる。

　しかし、役員等に過失がある場合であっても「必要と認められる」費用に該当するかどうかは、慎重に判断する必要がある。民法650条1項の「必要と認められる」ためには受任者が善管注意義務を尽くしていることが当然の前提であり、受任者の不注意により生じた費用、債務および損害は救済の対象とならず[14]、受任者の過失

---

[13]　会社補償実務研究会編『会社補償の実務』10頁（商事法務、2018年）。

27

によって必要以上の多額を費やした時には、民法 650 条 1 項の費用
も減額され得ると解するのが有力である[15]。

　したがって、過失があったことに起因して役員等が責任追及等を
受け、防御費用を支出したり、損害賠償債務を負ったりした場合に
は、民法 650 条 1 項に基づく費用の償還請求は難しいと考えられる。

　なお、同様に、監査役等についても、当該監査役等に過失があっ
たことを証することもって会社による拒絶事由である「必要でない
こと」（法 388 条等）の証明があったということになるものと考えら
れる。

　他方で、補償契約による補償については過失がある場合も含むも
のであるので、補償契約による補償を償還請求によって代替するこ
とは難しい。

---

[14]　山本豊編『新注釈民法（14）』309 頁〔一木孝之〕（有斐閣、2018 年）。

[15]　幾代通ほか編『新版　注釈民法（16）』272 頁〔明石三郎〕（有斐閣、1989 年）。

# 第2部

# 補償契約の締結・補償の実行

## 8 補償契約の相手方

### Q22　会社法の規制の対象となる補償契約の相手方は誰か

A 取締役、執行役、監査役、会計参与および会計監査人である。株式会社がその役員等以外の者との間で締結する補償契約は、法 430 条の 2 の適用対象外である。

解　説

　会社補償に関する規定として定められた法 430 条の 2 は、株式会社が役員等との間で締結する補償契約をその適用対象としている。ここでの「役員等」とは、取締役、執行役、監査役、会計参与および会計監査人を指す（法 423 条 1 項）。

　会社補償は、その性質上、これが過度になると役員等に対して厳格な責任を課した会社法の趣旨を損なう可能性があり、役員等との間で締結する補償契約について明文の規定を設けて一定の歯止めをかけることとされた（法 430 条の 2）（Q3）。

## Q23　従業員との間で補償契約を締結することはできるか

> **A** 法430条の2の適用の対象外であり、その当否については一般的な善管注意義務の問題に留まる。

**解説**

　株式会社の従業員は「役員等」（法423条1項）に該当しないから（Q22）、法430条の2は、株式会社がその従業員との間で締結する補償契約には適用されない。実質的にも、従業員の場合、役員等に比すれば利益相反性が低く、規制の必要性は高くないと考えられる。

　もっとも、取締役会設置会社における重要な従業員との間の補償契約の締結は重要な業務執行の決定（法362条4項）として取締役会決議を要するとされる可能性はある。また、その内容等が、経営判断として合理性を備えているかという点についても善管注意義務の観点から問われることとなる。

　なお、補償契約を締結している役員が従業員を兼務している場合には、その従業員としての職務に関する部分も法430条の2の適用を避けることはできないものと解しておくのが無難である。兼務がある場合には、従業員としての職務に関しても法423条1項の責任やその免除に関する規定を免れることができないないという見解があるし[1]、補償契約には全体として利益相反性が認められるからである。

---

[1]　コンメ(9)234頁〔森木滋〕。

## Q24　子会社の役員との間で補償契約を締結することはできるか

> **A** 法430条の2の適用の対象外であるが、親会社において締結することの必要性については留意して検討する必要がある。

**解　説**

　株式会社の子会社の役員等は株式会社の役員等ではないから（Q22）、法430条の2は、株式会社がその子会社の役員等との間で締結する補償契約には適用されない。実質的にも、子会社の役員等の場合には、株式会社自身の役員等に比すれば、利益相反性が認められず、規制の必要性は高くないと考えられる。

　したがって、原則として、親会社として子会社の役員等との間で補償契約を締結することの合理性が善管注意義務の観点から問われることとなる。

　ただし、費用を完全子会社ではない子会社に負担させる場合には、実質的には子会社において役員等との間で補償契約を締結するものと変わりがない。そのような場合には、子会社において法430条の2の趣旨が及ぶものと考えておくべきである。完全子会社に負担させる場合には、総株主である親会社の同意の下に実施されることから、子会社側での特段の手続は不要と整理することは可能である。

　なお、従業員の際と同様に（Q23）、補償契約を締結している役員等が子会社の役員を兼務している場合には、子会社の役員としての職務に関する部分も法430条の2の適用を避けることはできないものと取り扱っておくのが実務的には穏当である。

# 9 補償契約締結のタイミング

## Q25 補償契約はいつ締結すべきか

A 就任時が原則と考えられるが、就任後であっても在任中であれば可能である。

**解 説**

　補償契約の意義（Q2）にもっとも適うのは、就任時に補償契約を締結することである。しかし、締結時期について就任時とする制限の定めはなく、就任後であっても在任中であれば締結することはできると解される（Q26）。

　なお、補償契約締結前の職務執行をも補償契約に基づく補償の対象とすることが可能かについては、Q27 参照。

## Q26　退任した役員等との間で在任中の職務執行に関して補償契約を締結することはできるか

**A** 退任後は在任中と同等の補償契約を締結することはできない。

**解　説**

　会社補償の意義（Q2）のうち、役員等による適切な防御活動の保障を通じた会社の損害拡大の抑止という観点からは、退任後であっても補償契約の締結を認め、防御費用については補償の対象として認めてもよいという考え方があり得る。

　もっとも、会社補償の意義のうち、役員等の（将来の）職務執行に関する適切なインセンティブ付けの観点からは、過去の職務執行をも補償の対象に含めることは想定されていないと考えられる。優秀な人材の招聘という観点からも、退任後に締結する必要性は認め難い。部会の議論において、会社補償の意義のうち最も重視されていたものは適切なインセンティブの付与の点であったことや[2]、補償契約に構造的に存在する利益相反性やモラルハザードの懸念を踏まえると、適切なインセンティブ付けや優秀な人材の招聘という観点から必要性を認め難い範囲についてまで法 430 条の 2 の適用対象であると考えることについては慎重に考える必要がある。

　文言上も、法 430 条の 2 は、単に「役員等」としており、「役員等であった者を含む。」などとはされていない（法 386 条 1 項 1 号参照）。したがって、退任後は、在任中の職務執行に関して補償契約

---

[2]　会社補償は、要綱においても、報酬規制の見直しと D&O 保険に係る規定と共に「取締役への適切なインセンティブ付与」という見出しの下に位置付けられている。なお、一問一答 3 頁によれば、会社補償に関する規定の新設は「取締役等への適切なインセンティブの付与」を目的とするものとされている。

を締結することはできない(厳密には、過失がない場面のみを念頭に置いた補償契約を締結した場合などは有効と解する余地はあるが、在任中に締結する場合と同等に補償を許容することはできない)ものと解される。

## Q27　過去の職務行為を対象として補償契約を締結することはできるか

A 可能という見解もあるが、慎重に対応すべき。

**解　説**

　会社法は、「職務の執行に関」する損失を補償契約の対象としているが、職務執行と補償契約の先後関係については特段の定めはない。したがって、補償契約締結前に責任追及等を受けて役員等が受けた損失についても会社補償の対象とすることは可能であるとの見解もある[3]。

　会社補償の意義のうち、役員等による適切な防御活動の保障を通じた会社の損害拡大の回避という観点からは、少なくとも防御費用については補償の対象として認めてもよいという考え方はあり得る。他方で、役員等の（将来の）職務執行に対する適切なインセンティブ付けであるという観点からは、過去の職務執行に関する損失をも補償の対象に含めることまでは想定されないという考え方もあり得るし、優秀な人材の招聘という観点からも、将来の職務の執行についてのみ問題となることが通常と思われる。適切なインセンティブ付けや優秀な人材の招聘という観点から必要性を認め難い範囲についてまで利益相反取引規制の適用除外等を認めることには慎重に考える必要がある。(Q26 参照)。

　過去の職務執行に関する損失について補償契約を締結する場合、その締結時点で、①具体的に費用等が発生・確定している、②費用等は発生・確定していないが責任追及等を受けている、③責任追及等を受けていないが、原因となる行為について問題が認識されてい

[3]　別冊②座談会 101 頁〔神田秀樹発言〕。

ること等が考えられるが、④原因となる行為について認識がない締結の合理性・必要性はケースバイケースである。

　補償契約締結前の職務執行に関して生じた損失も対象に含めることができると考える場合であっても、そのような損失までを対象とする補償契約を締結することの合理性等が善管注意義務の観点から問われることとなる[4]。

## ⑩　補償契約の内容

### Q28　補償契約の内容には何を規定すべきか

> **A**　補償の対象となる損失の内容、義務的補償と裁量的補償のどちらか、補償の請求と実行のための手続などが考えられる。

**解　説**

　どのような損害について補償の対象とするのか（一定の制限を設けるのか）、どのような手続によって補償請求をし、会社が支払うのか、義務的補償か裁量的補償か（義務的補償・裁量的補償については Q29）などについて規定をすることが考えられる。補償金の前払い等を認める旨やそのための手続についても補償契約の内容として定めることが考えられる（Q47・48）。

　その他、詳細は、第 7 部を参照。

Q29 補償する義務を負うのではなく、補償すべきかどうか
の判断を会社が留保する旨補償契約で規定することは
可能か

A 可能である。

**解　説**

　補償契約において、一定の事由が生じた場合に株式会社が補償し
なければならない旨規定する（義務的補償とする）ことも、一定の
事由が生じた場合に株式会社が裁量によって補償することができる
旨規定する（裁量的補償とする）ことも可能である。ある補償事由
については義務的補償とし、その他の補償事由については裁量的補
償とすることも可能である。

　後日の処理の明確化の観点からは、ある補償事由が義務的補償か
裁量的補償なのか、義務的補償である場合には、どのような場合に
どのような内容の補償義務が生じることとなるかについて補償契約
に明確に規定しておくことが望ましい。

## Q30　役員等ごとに異なる内容としてもよいのか

A 異なる内容としてよい。

**解　説**

　会社補償の適切な条件は株式会社の状況や各役員の職務状況等に応じて異なり得ると考えられており、役員等ごとに補償契約の内容が異なることも想定されている[5]。

---

[5]　一問一答 107 頁（注 1）参照。

## Q31 会社法上補償をすることができる範囲を超えた補償を内容とする補償契約を締結すると無効になるのか

A 補償することができる範囲を超えた補償を内容に含む契約が締結された場合であっても、超えた部分のみが無効となり、補償契約全体が無効とはならない。

### 解　説

　会社法が定める補償することができる損失の範囲（Q55以下）は、任意法規（デフォルトルール）として定められたものではなく、強行法規であると考えられる。したがって、その範囲を超えた部分について補償をすること、例えば、悪意・重過失に基づく賠償金（法430条の2第2項3号）を補償することを内容としたり、図利加害目的があった場合の返還請求権（同条3項）を排除する旨を規定した補償契約は、その部分において無効となる。

　なお、この場合に、補償契約が全体として無効となるという考え方も一応あり得る。しかし、法430条の2第2項は、「補償契約を締結している場合であっても、当該補償契約に基づき、……補償することができない」としているのみであって、上記を超える部分についての合意をした場合に補償契約の全体が無効であるということまでは想定していない。また、補償契約の全体を無効として扱うと、本来は許容してもよい部分の補償についても無効としなければならないこととなり、妥当でない。なお、その他、補償契約としては有効ではあるが、補償することができる範囲を超えた部分について株式会社において補償債務を履行することができないこと（履行不能）になるという考え方もあり得なくはないが、そのように考えると、株式会社が債務不履行に基づく損害賠償責任を負うこととなりかねず、会社法が補償することができる損失の範囲を制限した趣

旨を結局没却することとなることからやはり妥当でない。

　したがって、補償することができる範囲を超えた補償を内容とする補償契約はその超えた部分についてのみ無効と解するのが相当である。

## Q32 補償契約の終了時期はいつか。これを補償契約に定めることは可能か

A 法律上は特に終了時期についての規定がなく、在任していることは補償契約の有効要件ではない。終了時期を補償契約に定めることは可能である。

### 解説

　法430条の2は、補償契約の終了時期については触れていない。職務執行に関連して責任追及等を受けるのは、在任中に限られないし、会社法上の役員等の責任（法423条、429条等）が退任によって免責となることもないから、補償契約は、役員等が在任し続けることがその有効性の条件とはならないものと解される。

　よって、当該補償契約を締結した役員等が重任したり、退任した場合であったとしても、当然に終了することにはならない。もっとも、補償契約の定めにより、一定期間に限定をしたり、更新の定めを設けることは可能である。

# 11　補償契約締結の手続

## Q33　取締役会設置会社において補償契約を締結する際の手続は何か

A　補償契約の内容を取締役会の決議によって決定しなければならない。

### 解　説

　取締役会設置会社においては、補償契約の内容の決定は取締役会の決議によらなければならないとされており（法 430 条の 2 第 1 項）、この決定は、監査等委員会設置会社や指名委員会等設置会社においても委任することが認められていない（法 399 条の 13 第 5 項 12 号、416 条 4 項 14 号）。すべての取締役会設置会社において、補償契約の締結に取締役会決議が必要である。

　これは、補償契約の締結には利益相反性があり、また補償契約の内容は役員等の職務の執行の適正性にも影響を与えるおそれがあるため、利益相反取引に準じて、取締役会がその判断をすべきであるからと考えられる[6]。

---

[6]　一問一答 102 頁参照。

## Q34 取締役会非設置会社において補償契約を締結する際の手続は何か

A 補償契約の内容を株主総会の決議によって決定しなければならない。

**解 説**

　取締役会非設置会社においては、補償契約の内容の決定は株主総会の決議によらなければならない（法430条の2第1項）。取締役会非設置会社における利益相反取引の承認について株主総会の決議によることとされている（法356条1項）点を踏まえたものである[7]。なお、この決議は、普通決議で足りる（法309条1項）。

---

[7]　一問一答102頁参照。

## Q35　決定しなければならない補償契約の内容とは何か。補償契約を締結する相手方まで含まれるのか

**A** 補償契約の内容の全てであり、補償契約の相手方も含まれる。

**解　説**

　取締役会（取締役会非設置会社においては株主総会）の決議によって決定しなければならない補償契約の内容（法 430 条の 2 第 1 項）とは、相手方となる役員等も含めた補償契約の内容の全てである。適切なインセンティブ付与の趣旨および役員等ごとに適切な補償契約の内容は異なり得ると考えられていることなどからすると（Q30）、相手方を特定せずに包括的に承認をすることはできないものと解される。

　なお、明らかな誤字の訂正などをする場合にその都度決議を取り直す必要まではないと解される[8]。

---

[8] 役員等賠償責任保険契約に関する議論であるが、一問一答 130 頁参照。

## Q36 手続を怠って締結した場合の補償契約の効力はどうなるのか

A 無効である。

**解説**

　補償契約の内容の決定は取締役会（取締役会非設置会社にあっては株主総会）の決議によらなければならないとされており（法430条の2第1項）、この決定は、監査等委員会設置会社や指名委員会等設置会社においても委任することが認められていない（法399条の13第5項12号、416条4項14号）。

　これは、補償契約の締結には利益相反性があり、また補償契約の内容は役員等の職務の執行の適正性にも影響を与えるおそれがあるため、利益相反取引に準じて、取締役会設置会社にあっては取締役会（取締役会設置会社にあっては株主総会）がその判断をすべきであるからと考えられる（Q33、Q34）。この趣旨からすると、取締役会または株主総会の決議を得ないで締結した補償契約は、無効であり、当該補償契約に基づく補償も無効であると解すべきである。

　ただし、利益相反取引と同様に、第三者に対しては会社はその悪意を証明するのでなければ無効をもって対抗することができない（いわゆる相対的無効）と解される可能性はある[9]。

---

[9]　利益相反取引について、コンメ(8)87頁〔北村雅史〕参照。ただし、補償契約の場合には、無効が問題となる第三者を通常想定しにくいと思われる。

## Q37　事後に取締役会または株主総会の決議によって追認することは可能か

> **A** 事後に承認を得た場合には再度契約の締結をし直す必要はないが、事前に承認を得なかったことが不利に働くことがある。

**解　説**

　事後的に取締役会または株主総会による承認を得た場合には、無効を維持する必要はなくなるうえ、再度締結手続を要求することも煩雑である。したがって、事後に承認を得た場合には、再度補償契約の締結をし直す必要はないものと解される。

　もっとも、当該事後承認を得る前の職務執行に関する補償については、補償契約締結前の職務執行に関する補償と同様の問題がありうる（Q27）。また、事前の承認を受けなかったことが補償契約を締結した取締役の任務懈怠や過失の有無の判断において不利に働くことがあると考えられる[10]。

---

[10]　利益相反取引の事後承認についてであるが、コンメ(8) 85 頁〔北村雅史〕参照。

## 12　補償契約締結の取締役会決議

### Q38　補償契約の相手方となる取締役は取締役会の審議および決議に参加することができるのか

A　参加することができない。

**解説**

　取締役会の決議について特別の利害関係を有する取締役は、議決に加わることができないものとされている（法369条2項）。この特別の利害関係とは、特定の取締役が、当該決議について、会社に対する忠実義務を誠実に履行することが困難と認められる個人的利害関係または会社外の利害関係をいうものと解されており、ある取締役の利益相反取引について取締役会が承認するときに当該取締役は特別利害関係のある取締役に該当すると解されている[11]。また、議決には、決議だけでなく、審議も含まれると解するのが有力である[12]。

　取締役または執行役との間の補償契約について利益相反取引規制は適用除外とされているものの（法430条の2第6項）、これはあくまで政策的に適用除外とされたものであって（Q8）、補償契約に存在する構造上の利益相反性が解消されたわけではない。したがって、補償契約を締結する取締役は、特別利害関係取締役に該当し、

[11]　コンメ(8)292頁、293頁〔森本滋〕。
[12]　コンメ(8)298頁〔森本滋〕。

補償契約の内容の決定の決議および審議には参加することができないと解される[13]。

---

[13]　会社法研究会報告書 25 頁。同じく利益相反取引規制の適用が政策的に除外された D&O 保険（法 430 条の 3 第 2 項）の被保険者である取締役についても、特別利害関係取締役に該当し得るものと解されている（一問一答 144 頁）。

## Q39 補償契約の相手方となる取締役は議長となることができるのか

A 議長となることができない。

**解 説**

　契約を締結する取締役は特別利害関係のある取締役に該当するが（Q38）、特別利害関係のある取締役が議長を務めることはできないものと一般に解されている[14]。よって、補償契約の相手方となる取締役は議長となることはできない。

---

[14]　コンメ(8) 298頁〔森本滋〕。

## Q40　全ての取締役との間で補償契約を締結しようとする場合は全員が議決権を行使することができなくなるのか。どのようにしたらよいか

> A　各取締役ごとに議案を立てて、その議案については当該取締役がその決議および審議の対象から外れるものとするなどの対応が考えられる。

**解　説**

　全ての取締役に金銭を貸し付ける場合、全ての取締役がそれぞれ譲渡制限株式の譲渡承認請求をした場合、全ての取締役に対して第三者割当増資をする場合、全ての取締役の責任について法 426 条 1 項に基づき一部免除をする場合など、全ての取締役がそれぞれ特別の利害関係のある場合については[15]、各取締役ごとに議案を立てて、別個に審議することにより、当該取締役以外の取締役は各議案について特別利害関係のある取締役には該当しないものとして扱うことが許容されるものと解されている。したがって、補償契約の締結についても、これらと同様に、各取締役ごとに議案を立てて、その議案については当該取締役がその決議および審議の対象から外れるものとすることで対応することができる[16]。

---

[15]　コンメ(8) 293 頁〔森本滋〕。
[16]　一問一答 144 頁は取締役を被保険者とする D&O 保険についても同様の方法を採り得るとしている。

## Q41 補償契約の内容の決定を委員会等に委任することは可能か

A 補償契約の内容の決定を委員会等に委任することはできない。

**解 説**

　補償契約の内容の決定は取締役会（取締役会非設置会社にあっては株主総会）の決議によらなければならないとされており（法430条の2第1項）、この決定については、監査等委員会設置会社や指名委員会等設置会社においても委任することが認められていない（法399条の13第5項12号、416条4項14号）。これは、補償契約の締結には利益相反性があり、また補償契約の内容が役員等の職務の執行の適正性にも影響を与えるおそれがあるため、利益相反取引に準じて、取締役会設置会社にあっては法定の監督機関である取締役会（取締役会非設置会社にあっては株主総会）がその判断をすべきであるからと考えられる（Q33、Q34）。

　したがって、任意の委員会等だけでなく、指名委員会等設置会社における法定の三委員会（指名委員会、報酬委員会、監査委員会）に対しても委任することができない。ただし、決定の委任ではなく、これらの委員会等に対して諮問を行い、当該委員会等の答申を踏まえた上で、取締役会において別途正式に決定をするというプロセスを取ることは問題がない。むしろ、取締役会に独立性が認められず、これらの委員会等にのみ独立性が認められるような会社においては、そのような委員会等を活用することは、経営陣から独立した監督の観点からは通常望ましい。

53

## 13 補償の実行の手続

### Q42 取締役会設置会社において補償をする際に必要な手続は何か

> **A** 取締役会設置会社においては、補償契約に基づく補償の実行をした後は、遅滞なく当該補償についての重要な事実を取締役会に報告しなければならない。

**解　説**

　取締役会設置会社においては、補償の実行をした後は、遅滞なく当該補償についての重要な事実を取締役会に報告しなければならない（法430条の2第4項）。報告する者は、補償契約に基づく補償をした取締役および当該補償を受けた取締役であり、前者は、会社を代表して補償を実行した取締役（通常は代表取締役）を指す。

　報告をしなければならない事実は、「補償についての重要な事実」である。このような報告義務が課された趣旨は、利益相反取引におけるそれと同様に[17]、取締役会（監査役設置会社であれば監査役を含む）が、補償契約に基づく補償があった場合の事後的なチェックを行うことができるようにするためであると考えられる。

　そのような理解からすると、「補償についての重要な事実」には、補償をした旨と当該補償が補償契約の内容に基づくものとして適切なものであるかを判断するに足りる事実（補償の対象者、損失の種

---

[17]　コンメ(8)241頁〔北村雅史〕。

類、補償に係る責任追及等の事案の内容、補償を要した額等）を報告することを要するものと解される。

　なお、補償の実行について別途取締役会決議が必要となる場合がある点について、Q44 参照。

## Q43　取締役または執行役以外の役員等（監査役、会計監査人、会計参与）に対して補償を実行した場合にも、取締役会への報告は必要か

**A** 必要である。

**解　説**

取締役会設置会社における補償に係る報告義務を定めた法 430 条の 2 第 4 項および第 5 項は相手方となる役員等の種類を問わず「補償契約に基づく」補償をした取締役または執行役に報告義務を課している。監査役、会計監査人または会計参与に対する補償の場合には、「補償を受けた」取締役または執行役は存在しないものの、これが理由となって同条第 4 項および第 5 項に基づく報告が不要となるものではないと解される。

また、補償の実行について取締役会決議が必要となる場合がある点について、Q44 参照。

## Q44 補償の実行に取締役会決議が必要となるのはどのような場合か

A 案件の性質や金額の多寡等の観点から、会社における重要性が認められる場合には、「重要な業務執行の決定」としての取締役会の決議が必要とされる可能性がある。

**解 説**

　法430条の2は、補償の実行に関して取締役会への報告義務のみを定めており、取締役会の決議までは要求をしていない。もっとも、補償契約に基づき補償をすることの決定についても、個別具体的な事情によっては、「重要な業務執行の決定」（法362条4項柱書）に該当する可能性がある点には留意する必要がある[18]。軽微な防御費用等に関する補償であれば逐一取締役会の決議を要するとまで解する必要はないと考えられるが、案件の性質や金額の多寡等の観点から、会社における重要性が認められる場合には、取締役会の決議が必要とされる可能性がある。監査等委員会設置会社または指名委員会等設置会社においては、なお取締役または執行役に委任することは可能である（法399条の13第5項、6項、416条4項）。

　ただし、義務的補償の場合には、原則として取締役会決議が必要とされることがなく、裁量的補償の場合についてのみこれが問題となるものと解すべきである[19]（義務的補償・裁量的補償については、Q4、Q29 参照）。

---

[18]　一問一答109頁。
[19]　田中・要綱解説21頁（注20）。

## Q45　取締役会非設置会社においては補償をする際に株主総会への報告は不要か

**A** 不要である。

**解　説**

　取締役会非設置会社については、取締役設置会社について定められているような補償の実行時の報告義務の規定（430 条の 2 第 4 項）が存在しないため、補償の実行時の株主総会への報告は不要である。

## Q46　補償実行時に役員等が退任していても特に問題はないか

A　在任中に有効に締結された補償契約に基づく補償であれば特に問題はない。

**解　説**

　役員等が責任追及等を受けるのは、在任中に限られるものではなく、役員等が退任後に、過去の職務執行に関連して責任追及等を受けることも考えられるところである。役員等が退任後は一切補償契約に基づく補償金の支払いが認められないとなると、会社補償の意義（Q2）を大きく損なうことになるため、補償契約は、締結後に役員等が退任した場合であったとしても、当然に終了することにはならないものと解される（Q32）。

　したがって、退任時に有効に締結され、存続している補償契約に基づく補償金の支払いは、当該役員等の退任後にするものであったとしても、有効である。

## 14　補償金の前払い・第三者への直接の支払い

### Q47　補償金の前払いは可能か

A　可能であるが、金額が判明していない段階での前払いは適切でない。

**解　説**

　前払い（役員等が支払う前の補償金の支払い）についても補償契約の定めにしたがってこれを行うことが可能である。もっとも、その金額が判明していない中で前払いを認めると、過払いとなる可能性がある。特に、現実に発生していない段階での防御費用の前払いは、「通常要する費用の額」を超えるのかどうか判定することができないという問題もあることから、適切でないと考えられている。なお、補償契約に従い現実に発生した防衛費用に係る補償金を訴訟等の終結前に支払うことは許容される。

　他方で賠償金や和解金については、その金額が、確定した段階であれば前払いを許容してよいと考えられる[20]。

　なお、前払いを認める場合には、必要な手続等について補償契約に定めておく必要がある。

[20]　一問一答 114 頁参照。

Q48 必要な補償金を役員等に支払うのではなく、役員等が
支払い義務等を負う第三者に対して補償の趣旨で会社
が直接支払うことは可能か

A 補償契約の定めに従ったものであれば可能である。

解説

　敢えて役員等が一旦支払いしてからでないと補償することができ
ないとするのは迂遠であるから、補償契約の定めに従ったものであ
れば、補償の趣旨[21]で役員等に生じた費用等を第三者に対して直接
支払うことも許容されると考えられる。

　また、第三者への直接の支払いのために必要な手続等については
補償契約に定めておく必要がある。

[21] 会社が取引先等に対して賠償金等を支払う場合に常にこれが会社補償に当
たるものではないことについては、Q50 参照。

## 15　その他

### Q49　和解金の補償に関して留意すべき点は何か

A 会社の認識しないところで不相当な和解がなされ、当該和解金の支払いについて補償をしなければならなくなることを避けるため、和解をする場合に事前に会社の承諾を得ることを補償の要件としておくことが考えられる。

解　説

　和解金については、紛争の帰趨に関する微妙な判断が重要になり得るが、役員等において会社からの補償が予定されていることを背景に紛争を早期に解決することを優先し不相当な和解案であっても応諾してしまう可能性がある。そこで役員等が和解をする場合には、事前に会社の承諾を得ていることを補償の要件としておくことが考えられる。

## Q50 会社が取引先などに対して賠償金・和解金・見舞金の支払いをすることは、問題がないか。会社補償に該当してしまうのか

A 株式会社がその業務において被害者等に対して賠償金・和解金・見舞金を支払う場合であっても、当然に会社補償の規制が及ぶものではない。

**解 説**

株式会社の業務に関連して顧客や取引先などの第三者に対して損害を与えた場合などにおいては、被害者等に対して賠償金、和解金や見舞金を支払うこともある。このような支払いは、通常、下記のいずれかの理由により、会社補償には該当しないものと考えられる。

① それ自体が損害を賠償するための金銭の支出ではなく、または紛争を解決するための和解の趣旨でもない（社会的儀礼としての見舞金に過ぎない）。

② 当該金銭の支出が当該役員等の任務懈怠等により生じるものであるときに株式会社が有することとなる当該役員等に対する求償権を放棄するものでない。

## Q51　社外取締役の同意等の手続は不要か

A 法律上必須の要件ではないが、補償に関する会社の判断の公正性を担保する観点から社外取締役や社外監査役を活用することも考えられる。

### 解　説

　会社補償は、役員等において生じた損失を株式会社が填補するという取引の構造上、役員等と株式会社との間で利益が相反する関係にある。そのため、会社の経営陣から独立した利害関係を有しない社外取締役が客観的な立場で補償に係る判断について審査するということは、会社の判断の公正性を担保する観点からは意義のあることである。

　また、補償を受ける役員等の立場からしても、例えば支配権の異動により敵対的な取締役が取締役会の多数を占めることとなった場合に、公正な判断を期待して社外取締役に判断してもらいたいと考える可能性もある。

　活用する方法としては、具体的には、例えば、社外取締役を中心として構成される任意の委員会の賛成や、社外取締役の全員の賛成があることを補償契約の締結または補償の実行の判断の要件にしたり、社外取締役の判断を尊重しなければならない旨を定めることなどが考えられる。なお、会社による取締役に対する責任追及に係る権限は監査役にあること（法 386 条 1 項 1 号）などに照らすと、社外取締役だけでなく、社外監査役を活用するということも同様に意義があると考えられる。

## Q52 補償契約締結時の取締役会議事録の内容はどのようなものか

A 議案部分の内容の記載としては、例えば、以下のようなものが考えられる。

**解説**

　取締役会の決議により補償契約の内容の決定が必要とされている。そのため、補償契約の内容を別紙等にすることにより議事録を作成することが考えられる。

　なお、議事録には、補償契約を締結する取締役は特別利害関係取締役であることから、当該議案の審議および決議に参加しなかったことと（Q38）、「特別の利害関係を有する取締役がある」として、当該取締役の氏名の記載も必要となる（施規101条3項5号）。

　ある取締役との間で補償契約を締結する場合の例は、以下のとおりである。

> 第○号議案　取締役Ａとの補償契約の内容の決定の件
> 　議長は、当社と取締役Ａとの間において、別紙の補償契約書の内容で、補償契約を締結したい旨を提案し、議場に諮ったところ、決議に参加した取締役全員一致でこれを承認可決した。なお、本議案について取締役Ａは、特別の利害関係を有することから、本議案の審議及び決議に参加しなかった。

　また、制度導入当初など、全取締役との間で同一の内容の補償契約を締結する場合には、取締役の全員が特別の利害関係を有することとなる。その場合には、各取締役に関する部分を残りの取締役で順次審議する方法によって決議することも考えられる（Q40）。そのような決議をした場合の記載としては以下のような例が考えられ

る。なお、特別利害関係取締役は議長となることはできないことから（Q39）、元々議長を務めていた者（以下の例では A）についての議案の審議および決議については議長は他の者が務める必要がある。

---

第〇号議案　取締役との補償契約の内容の決定の件
　議長から、会社補償制度を導入するに際して、別紙の補償契約書の内容で、各取締役との間で補償契約を締結したい旨の説明がなされた。
　本議案については取締役の全員が特別の利害関係を有することから、各取締役に関する部分について当該取締役は審議及び決議に参加せず、代表取締役 A に関する部分では取締役 B が議長を務めた上で審議を行い、いずれの取締役に関する部分も含めて、審議及び決議に参加した取締役の全員一致で承認可決された。

---

　制度導入後は、契約期間内である限り補償契約は重任等によっても原則としてその効力を失わないから、新任の取締役とのみ補償契約を締結することが考えられる。例えば、以下のようなものが考えられる。

---

第〇号議案　取締役 3 名との補償契約の内容の決定の件
　議長から、本日開催の第〇期定時株主総会で選任され就任した取締役 A、取締役 B および取締役 C との間で別紙の補償契約書の内容の補償契約を締結したい旨を提案し、議場に諮ったところ、決議に参加した取締役の全員一致で承認可決された。
　なお、本議案については取締役 A、取締役 B 及び取締役 C はいずれも特別の利害関係を有することから、本議案の審議及び決議に参加しなかった。

---

## Q53 補償契約実行時の報告の取締役会議事録の内容はどのようなものか

A 報告部分の内容の記載としては、例えば、以下のような例が考えられる。

**解 説**

　取締役会設置会社においては、補償契約に基づく補償の実行をした後は、遅滞なく当該補償についての重要な事実を取締役会に報告しなければならない（法430条の2第4項）。報告する者は、補償契約に基づく補償をした取締役および当該補償を受けた取締役であり、前者は、会社を代表して補償を実行した取締役（通常は代表取締役）を指す。なお、指名委員会等設置会社においては、執行役に準用されている。（同条5項）

　報告をしなければならない事実は、補償をした旨と当該補償が補償契約の内容に基づくものとして適切なものであるかを判断するに足りる事実（補償の対象者、損失の種類、補償に係る責任追及等の事案の内容、補償を要した額等）と解される（Q42）。当該報告の概要は取締役会議事録に記載しなければならない（施規101条3項6号イ）。

　報告の時期は「遅滞なく」である。その内容や金額にもよるが、防御費用の場合には、個別の支出ごとに報告をするのではなく、ある程度の期間中に生じるものについては一括して報告することでも足りるものと解される。そのような一括した防御費用の補償についての報告の例は、以下のとおりである。

報告事項　取締役Aに対する補償実行の件
　議長から、〇年〇月〇日開催の当社取締役会の決議に基づき締結した取締役Aとの間の補償契約に関して、当該補償契約上の義務の履

行として概要以下のとおり補償を実行していることを報告した。
1. 補償の実行日：〇年〇月〇日～〇年〇月〇日
2. 補償額：防御費用　合計〇円（内訳は別紙のとおり）
3. 補償を要する理由（補償の原因となった事案の概要を含む。）：
   別紙のとおり

　報告義務を負うのは「補償をした取締役」および「補償を受けた取締役」であり、上記の例でいえば補償契約の相手方である取締役Aと会社側を代表した代表取締役である議長であるが、議長から報告するものとしている。議長による報告が必要十分であれば、別途Aから重ねて報告をする必要はないと解される。また、上記では義務的補償（Q29）を前提としている。

## Q54 補償契約実行時の取締役会決議の取締役会議事録の内容はどのようなものか

A 議案部分の記載の内容としては、例えば、以下のような例が考えられる。

**解　説**

　補償契約に基づき補償をすることの決定についても、個別具体的な事情によっては、「重要な業務執行の決定」（法362条4項柱書）に該当する可能性がある（Q44）。そのような実行時の決議に関するサンプルは以下のとおりである。なお、ここでは裁量的補償（Q29）を前提としている。

> 第○号議案　取締役Aに対する補償実行の件
> 　議長から、○年○月○日開催の当社取締役会の決議に基づき締結した取締役Aとの間の補償契約に関して、別紙の理由により、当該補償契約上に基づき和解金○円を補償したい旨を提案し、議長に諮ったところ、決議に参加した取締役の全員一致で承認可決された。
> 　なお、本議案について取締役Aは特別の利害関係を有することから、本議案の審議及び決議に参加しなかった。

# 第3部

# 補償の範囲・要件

## 16　補償の範囲・総論

## Q55　補償をすることができる範囲はどのようなものか

A　法430条の2第1項から第3項において防御費用と賠償金・和解金とに区別して補償することができる範囲が定められている。

解　説

　法430条の2第1項から第3項までは、補償の対象が防御費用と賠償金・和解金のどちらかであるかに応じて、概要以下のとおり補償することができる範囲を定めている。

| | 防御費用の補償 | 賠償金・和解金の補償 |
|---|---|---|
| 補償対象者の善意無重過失 | 不要[注1] | 必要[注2] |
| 責任の性質 | 限定なし | 第三者への損害賠償責任[注3] |
| 額の限定 | 通常要する費用の額に限る | 限定なし |

（注1）　補償対象者に図利加害目的がある場合には、会社は返還請求することができる。

（注2）　加えて、補償対象者が会社に対して任務懈怠責任を負うことになる部分は補償対象外。

（注3）　会社に対する賠償金、罰金・課徴金は対象外

　防御費用について詳細はQ63以下、賠償金・和解金について詳細はQ70以下参照。

## Q56 なぜ罰金・課徴金について補償することはできないのか

**A** 罰金・課徴金の補償を認めるとこれらを設けて違法行為を抑止しようとした各種規定の趣旨を損なうおそれがあるためである。

**解 説**

　会社法は、罰金や課徴金については、補償の対象から除外している（法430条の2第1項2号参照）。これは、罰金・課徴金の補償を認めるとこれらを設けて違法行為を抑止しようとした各種規定の趣旨を損なうおそれがあるためである[1]。過料も同様と考えられる。

　なお、株式会社が、過料、罰金や課徴金の支払いのために一時的に金銭を役員等に貸し付けることは禁止されていない。しかし、かかる貸付は利益相反取引であり（法356条1項2号）、取締役会の承認等の規制に服することとなる点には留意が必要である。

　また、刑事事件等であっても、防御費用の補償は可能である。

[1] 一問一答116頁。

## Q57　保釈保証金について補償することはできるか

A 罰金・課徴金と同様にできない。

解　説

　刑事事件等における防御費用については補償をすることができるが（Q63）、保釈保証金については、株式会社が刑事訴訟法上の代納付の手続に従って裁判所の許可（刑事訴訟法 94 条 2 項）を得て支払うことは認められるものの、補償をすることはできないと解される[2]。

　なお、株式会社が、保釈保証金の支払いのために一時的に金銭を役員等に貸し付けることは禁止されていないこと、かかる貸付は利益相反取引（法 356 条 1 項 2 号）に該当することについては、罰金・課徴金と同様である（Q56）。

## Q58 会社からの責任追及に関して補償することができるのはどの範囲か

A 会社に対する責任についての賠償金・和解金は補償の対象外であるが、防御費用については補償することができる。ただし、補償契約の内容によりこれを制限することは可能である。

**解 説**

　役員が会社に対して支払いを要する賠償金・和解金は会社補償の対象外である（法430条の2第1項2号参照）。

　他方で、これらに関する紛争において要した防御費用は、補償をすることができる（法430条の2第1項1号）。なお、会社によっては、その訴訟等の直接の相手方である役員等の防御費用を自社が補償することについて抵抗を覚えることもあると考えられる。そのような場合には、補償契約において、会社が訴訟の相手となる場合についての防御費用は補償外としたりすることも可能である。

## Q59　取引先等の第三者からの責任追及に関して補償することができるのはどの範囲か

> 　第三者に対する責任についての賠償金・和解金および防御費用
> A はいずれも補償の対象である。ただし、法 429 条 1 項に基づ
> 　く責任については悪意・重過失との関係で議論がある。

**解　説**

　役員等が第三者に対して支払いを要する賠償金・和解金やこれらに関する紛争において要した防御費用はいずれも会社補償の対象であり（法 430 条の 2 第 1 項）、特別法上のものについても補償することが原則として可能である（Q72）。

　もっとも、賠償金・和解金については、補償を受ける者がその職務を行うにつき悪意または重過失である場合には補償することができないなどの制限があり（Q70）、法 429 条 1 項に基づく責任についての賠償金・和解金の補償は、難しい点がある（Q75）。

## Q60　株主からの責任追及に関して補償することができるのはどの範囲か

A　株主代表訴訟については株式会社からの責任追及と同様であるが、株主が自らに生じた損害について責任追及をする場合については第三者からの責任追及と同様である。

### 解　説

　株主代表訴訟（法847条3項）は株主が株式会社に代わって役員等の株式会社に対する責任を追及するものであるから、これに関する補償の範囲は株式会社からの責任追及（Q58）と同様に考えることとなる。

　なお、旧株主による責任追及の訴え（法847条の2第6項）、多重代表訴訟（法847条の3第7項）の場合も同じである。

　他方で、株主が自らに生じた損害について責任追及をする場合については、株式会社以外の者に対する責任が問題となっていることから、取引先等の第三者からの責任追及（Q59）と同様に考えればよい。

## Q61　補償に絶対額の制限はあるのか

A　絶対額の制限はないが、補償契約にこれを定めることは可能である。

**解　説**

補償に絶対額の制限は存在しない。もっとも、防御費用については、「通常要する費用の額」を超える部分について補償することができない旨定められている（法 430 条の 2 第 2 項 1 号）。この「通常要する費用の額」の考え方については、Q69 を参照。なお、賠償金・和解金については、「通常要する費用の額」による上限も定められていない。

なお、防御費用および賠償金・和解金のいずれかを問わず、補償契約の内容として、法律上の制限とは別に、任意に補償の上限額について定めることは可能である。

## Q62 補償した損失等が後日補償することができないものであると判明したときはどのようになるのか

A 不当利得返還請求等により返還を請求することができる。なお、防御費用については、一定の場合に会社法上の返還請求権も定められている。

### 解説

　株式会社がした補償金の支払いについて、後日、法令上補償することができない部分や、補償契約上定められていない部分に係るものであることが判明した場合には、民法に基づく不当利得返還請求[3]や、補償契約上そのような場面に関する取扱いについて規定を設けている場合には、補償契約上の返還請求として返還を請求することが可能である。

　また、防御費用については、別途、役員等に図利加害目的があった場合についての法定の返還請求が認められている（法430条の2第3項）（Q66以下参照）。

　なお、以上の返還請求は株主代表訴訟（法847条）の対象になるものと解される。

---

[3]　一問一答110頁。

## 17　防御費用の補償

### Q63　防御費用の具体例は

> A
> 典型的には弁護士費用であるが、訴訟活動や協議等のために要した交通費や調査費用等も含む。必要な反訴等を行った際の費用も、責任追及に対処するためのものである場合には防御費用に含まれる。

解 説

　防御費用とは、次の①または②に「対処するために支出する費用」と定義されている（法430条の2第2項1号）。

　①　法令の規定に違反したことが疑われたこと

　②　責任の追及に係る請求を受けたこと

　①が主に念頭に置いているのは刑事手続や課徴金手続であるが、民事上の問題であっても含まれる（なお、保釈保証金については、Q57参照）。②が主に念頭に置いているのは、不法行為責任や債務不履行責任に基づく損害賠償請求であるが、裁判上の請求である必要はなく、また、損害賠償請求でなくとも、例えば法定の請求権等も広く含まれる。

　したがって、役員等に対する訴訟等に係る弁護士費用その他の協議、主張・立証に要した費用については広く補償の対象としての防御費用に含まれている。なお、役員等が反訴等をする場合の費用についても、上記①または②に対処するためのものと認められる場合には、含まれるものと解される。

## Q64　防御費用はどのような範囲で補償が認められるのか

> 　防御費用の補償については、「通常要する費用の額」の範囲内
> である限り、原則として補償することができる。ただし、補償
> A　を受けた役員等に図利加害目的がある場合には、会社は当該役
> 員に対して返還請求することができる。

**解　説**

　防御費用については、「通常要する費用の額」の範囲内である限
り（法430条の2第2項1号。Q69）、原則として補償対象者の主観
面を問わず補償することができる。もっとも、例外的に、補償を受
ける者に図利加害目的があるなど悪質な場合には、会社は事後に補
償した役員等に対して返還請求をすることができるものとされてい
る（法430条の2第3項。Q66以下）。

　刑事手続や民事手続といった手続の種類や、第三者に対する責任
追及かどうかといった責任の種類は問わず（Q63）、役員等の職務
の執行に関して役員等に生じる防御費用は広く補償の対象とされ
る。

## Q65 悪意または重過失があっても防御費用は補償することができるのか

A 可能である。ただし、補償を受けた役員等に図利加害目的がある場合には、会社は当該役員に対して返還請求することができる。

**解 説**

　防御費用については、補償を受ける者の主観面は原則として問わない。これは、防御費用は訴訟等の進行過程に必要となる場合があるところ、訴訟の帰趨や全体像がみえない段階で会社に対して補償を受ける者の主観面を判断の上補償の要否を決することとさせるのが酷であることや、賠償金や和解金とは異なり、防御費用については悪意または重過失である場合をも補償の対象としてもモラルハザードが生ずるおそれは高くないことなどが考慮されたためである[4]。したがって、例えば株主代表訴訟に敗訴した場合であっても、役員等に要した防衛費用を補償することができる。

　ただし、補償を受けた者に図利加害目的がある場合には、会社負担において防御費用を賄うことは相当とはいえず、事後的に会社は返還請求をすることができるものとされている（法430条の2第3項）。

---

[4] 一問一答112頁。

## Q66 補償の返還請求ができる図利加害目的とは何か

> A　背任・横領やこれに準じる不信行為があった場合などに、通常図利加害目的が認められる。

**解　説**

　補償契約に基づいて防御費用を補償した後に、当該役員等に図利加害目的があったことを会社が知ったときは、会社は当該役員等に対して補償した金額に相当する金銭を返還することを請求することができる（法430条の2第3項）。背任・横領やこれに準じる不信行為があった場合（自らのためにインサイダー取引をした場合なども含む）は通常図利加害目的はあると考えられる。

　図利加害目的については、同様の文言が用いられている特別背任罪（法960条）における図利加害目的の議論が一定程度参考となると考えられる。特別背任罪においては、図利加害の確定的認識を意味するという見解や図利または加害の積極的な動機があった場合に限るという見解が主張されている一方で、判例・多数説は、消極的動機説（①自己または第三者の利益の認識（認容）があり、かつ本人図利の動機がない場合、または②本人の損害の認識（認容）があり、かつ本人図利の動機がない場合に図利加害目的を認定する）を採っているといわれている[5]。法430条の2第3項と法960条の図利加害目的を全く同一に解するべきかどうかについては今後の議論にゆだねられるが、少なくとも、法960条の議論に照らすと、役員等が会社の利益を図る動機であった場合には、結果としてそれが会社の利益にならなかったとしても、法430条の2第3項の図利加害目的は否定されると考えてよいように思われる。

---

[5]　コンメ(21)77頁、78頁〔島田聡一郎〕。

## Q67　図利加害目的がある場合に会社は拒絶することが可能か

A 可能である。

**解　説**

　補償請求を受けた時点で会社があらかじめ補償を受ける者が図利加害目的を有していると認める場合において、会社は会社補償を拒むことができないとなると、会社は一旦補償金を支払って返還請求をしなければならなくなる。これは、手続として煩雑である上に、補償を受ける者の無資力のリスクにさらされることになり妥当でない。

　したがって、会社は会社補償を拒むことができるものと解される。

## Q68　図利加害目的があることを知っている場合に会社は拒絶しなければならないか

A　会社が知っている場合であっても必要であると認める場合には、防御費用に係る補償金を支払うことが許容される余地がある。

**解　説**

　補償請求を受けた時点で会社があらかじめ補償を受ける者が図利加害目的を有していると認める場合であっても、当該役員等に適切な防御手段を付与することが会社の損害抑止の観点から必要であると認める場合には、返還に係る無資力リスクを冒してでも補償金を支払うことが合理的であるという場合もある。もっとも、取締役は拒絶せずに支払うことが妥当かについて善管注意義務をもって検討しなければならないと解される。

　なお、法430条の2第3項の趣旨に照らすと、図利加害目的があるかどうかわからない場合に会社においてその有無について調査する義務まではないものと解される。

## Q69　「通常要する費用の額」とは

A　事案等に照らして合理的に必要と認められる費用については「通常要する費用の額」と解してよい。

**解　説**

　防御費用については、不相当に過大な防御費用についてまで会社において負担しなければならないこととなることは相当でないことから、通常要する費用の額までという限定が定められている（法430条の2第2項1号）。

　「通常要する費用の額」とは、防御費用として必要かつ十分な程度として社会通念上相当と認められる額をいい、その具体的な金額は、事案の内容その他諸般の事情を総合的に勘案して、客観的に通常必要とされる金額をいうと解される[6]。法852条1項の「相当と認められる額」の解釈が参考になるとされているものの[7]、同項の額は紛争について裁判所が判決を出し勝敗が決せられた後に算出するため、これをそのまま「通常要する費用の額」に当てはめることは相当ではない[8]。「通常要する費用の額」について、厳密な判断が求められることになると会社による防御費用の補償可否の判断が困難となることから、事案、争訟の進捗や担当する弁護士の報酬体系等に照らして合理的に必要と認められる限りにおいては、これが問題となることは原則としてないものと解してよいと考えられる。

---

[6]　一問一答111頁。
[7]　一問一答111頁。
[8]　別冊②座談会102頁〔竹林俊憲発言〕においても、両者の想定している場面が異なり、「通常要する費用の額」の判断についてより会社が明確に判断することができるべきであることが示唆されている。

# 18　賠償金・和解金の補償

## Q70　賠償金・和解金はどのような範囲で補償が認められるのか

A　賠償金・和解金の補償は、第三者に対する損害賠償責任に限定されている。また、会社が役員等に対して求償し得る部分または補償対象者の悪意・重過失に基づく責任を負う場合については、補償することができない。

**解説**

　賠償金・和解金の補償は、第三者に対する損害賠償責任に限定されており、役員等の責任規定の免除の潜脱となることを防止する観点から会社に対する損害賠償責任は含まれない（法430条の2第1項2号）。また、同様に、株式会社が第三者に対して直接損害賠償金・和解金を支払ったとすれば当該役員に対して法423条1項に基づき求償権を行使することができる場合には、当該求償権を行使し得る部分については株式会社は補償をすることができないものとされている（法430条の2第2項2号）。

　加えて、いわゆるモラルハザードへの懸念から、補償対象者が悪意または重過失に基づき責任を負う場合についても補償は認められない（法430条の2第2項3号）。

## Q71　賠償金・和解金はなぜ第三者に対する損害賠償責任に限定されているのか

A　会社に対する賠償金・和解金について補償を認めると、実質的に会社に対する責任の免除となるためである。

**解　説**

　賠償金・和解金の補償は、第三者に対する損害賠償責任に限定されており、会社に対する損害賠償責任は含まれない（法 430 条の 2 第 1 項 2 号）。これは、会社に対する賠償金・和解金を補償の対象とすると、実質的に役員等の会社に対する責任の免除となるところ、会社に対する責任の免除については、別途厳格な手続が定められているから（法 424 条〜426 条等）、補償という形式で実質的にこれを認めることは相当でないからである。

## Q72　特別法に基づく第三者に対する損害賠償責任は補償の対象とすることができるか

A 原則として補償の対象とすることができる。

**解　説**

　特別法（民法および会社法以外の法律）に基づき、役員等は第三者に対して損害賠償責任を負うことがある。特別法に基づく第三者に対する損害賠償責任として代表的なものとしては金融商品取引法上の責任があるが、外国法令に基づく損害賠償責任などもこれに該当しうる。

　このような特別法上の第三者に対する責任については、当該特別法の規定の趣旨が当該役員等自身に納付させることにあるような場合には、補償することが当該特別法の規定の趣旨を損なうおそれがあるかという観点から考慮が必要であるとされている[9]。ただし、具体的な規定が念頭に置かれて議論があるわけではなく、これを禁止する明文の規定がない以上、原則として補償することはできるものと解される[10]。例えば、有価証券届出書や有価証券報告書等に虚偽の記載等があった場合の発行者の役員等の責任（金商法21条、22条、23条の12第5項、24条の4等）も対象に含まれるものと解してよい[11]。

---

[9]　一問一答116頁。
[10]　別冊②座談会102頁〔神田秀樹発言、竹林俊憲発言〕参照。
[11]　田中・法解説10頁参照。

## Q73　法 430 条の 2 第 2 項 2 号の制限の趣旨は何か

A 会社が役員等に行使し得る求償権（423 条 1 項の責任）を免除することとなるような補償を制限するためである。

**解　説**

　会社が第三者に対して直接賠償金を支払ったとすれば当該役員等に対して法 423 条 1 項に基づき求償権を行使することができる場合には、当該求償権を行使することができる部分については株式会社は補償をすることができないものとされている（法 430 条の 2 第 2 項 2 号）。

　役員等が第三者に対して損害賠償責任を負うときは、通常会社も連帯債務を負うこととなる（法 350 条、民法 715 条等）。そのため、本来、会社が第三者に対して損害を賠償すれば、会社はその後役員等に対して支払った賠償金について（役員等が無過失でない限り）任務懈怠に基づく求償（法 423 条 1 項）をすることができることがほとんどのはずである[12]。そして、本来、会社が求償して役員等に経済的な負担を求めることができる場合については、（会社ではなく）役員等が第三者に対して賠償金を支払ったとしても、役員等は同様にその負担を負うべきであり、補償をすることによって役員等が負うべき部分について会社が負担をすることになれば、実質的に求償権を免除したことと同じこととなる。そこで上記のような制限が定められている。簡略化した事案を使って説明すると次頁の図となる。

[12]　求償権の法的根拠が通常法 423 条 1 項となることについて、別冊②髙橋陽一 149 頁。

図

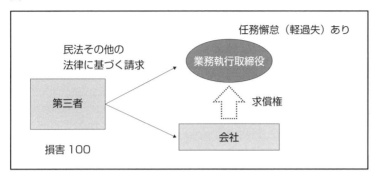

　業務執行取締役と会社が第三者に対して 100 の損害賠償債務を連帯して負い、業務執行取締役に任務懈怠（軽過失）がある場面を想定する。仮に、会社が第三者に 100 賠償すると、会社は業務執行取締役に対して法 423 条 1 項に基づき 100 請求することができるはずである（役員等の経済負担は 100）[13]。したがって、このような事案においては、役員等が第三者に 100 賠償したとしても、役員等の経済負担は同じ 100 になる必要がある。その結果、役員等は会社に一切補償を請求することができないという帰結となる。

　続いて、上記と基本的には同じ前提の下、当該役員が社外取締役であって、責任限定契約の締結により会社に対する責任の額が 20 までに制限されている場合を想定する。

---

[13]　裁判例上、因果関係の割合的認定や過失相殺の類推適用などの理論を用いて、100 全てを請求することを制限する試みもされているところであるが（別冊②髙橋陽一 149 頁参照）、事案を簡略化するため、100 全てを請求することができることを前提に置いている。一問一答 117 頁も参照。

図

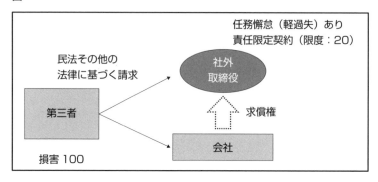

　仮に、会社が第三者に 100 賠償すると、会社は社外取締役に対して法 423 条 1 項に基づき 20 請求することができるはずである（本来は 100 請求することができたはずだが、責任限定契約によりこれが 20 に限定されることとなる。その結果当該社外取締役の経済負担は 20）。したがって、このような事案においては、社外取締役が第三者に 100 賠償したとしても、社外取締役の経済負担は同じ 20 になる必要がある。その結果、社外取締役は会社に 80 まで補償を請求することができる（残りの 20 については請求することができない）という帰結となる。

　役員等が第三者に対して職務の執行に関して責任を負う場合には、通常会社も連帯して損害賠償債務を負うこととなるし、また、役員等には少なくとも過失がある場合がほとんどであると考えられる。したがって、業務執行取締役の職務の執行に関する第三者に対する損害賠償金については、多くの場合が上記の制約によって補償を受けられない可能性がある[14]。

---

[14]　この問題は、部会の議論の中でも明確に認識されていたところであるが、会社法上の役員等の責任の規制との調整にわたる論点であり、緩和することについては、慎重な検討が必要であると考えられた（中間試案補足説明第 2 部第 1 の 2(1)イ（イ）参照）。

## Q74　賠償金を補償することができない重過失の内容とは何か

A ほとんど故意に近い著しい注意欠如の主観的状態とする見解が有力であるが、今後の議論の蓄積を待つ必要がある。

**解　説**

　賠償金は、「職務を行うにつき悪意又は重大な過失」があったことに基づく責任については補償をすることができない（法430条の2第2項3号）。

　この重過失については、法425条から427条までの重過失と同様に解されるべきところ[15]、法427条の「職務を行うにつき……重大な過失」の意義については、①ほとんど故意に近い著しい注意欠如の主観的状態（故意の立証はできないが故意に準じて扱ってよいというほど重いものとする考え方）と、②著しい注意義務違反（故意と過失の中間でかなり軽いものまで入るという考え方）が存在し、①であるという見解が有力である[16]。

---

[15]　中間試案補足説明第2部第1の2(1)イ　（イ）。
[16]　別冊②髙橋陽一150頁参照。

## Q75　悪意または重過失があった場合に法 429 条 1 項に基づく賠償金は補償の対象とすることができないのか

A　法 429 条 1 項に基づき第三者に対して支払う賠償金・和解金については、補償の対象とならない可能性がある。

**解　説**

　第三者に対する賠償金・和解金については、役員の悪意または重過失に基づく責任に基づくものについては補償することができないとされている（法 430 条の 2 第 2 項 3 号）。他方で、法 429 条 1 項は役員等がその職務を行うについて悪意または重過失があることをその要件とする。

　法 430 条の 2 第 2 項 3 号の重過失の意義（Q74）と法 429 条第 1 項の重過失の意義を異なるものと解釈する余地はなくはないものの[17]、現状の実務対応としては、両者は同一のものとして考え、法 429 条 1 項に基づく責任に係る賠償金・和解金は補償の対象外であると考えておくことが無難である[18]。

---

[17]　別冊②髙橋陽一 150 頁によれば、法 429 条 1 項の重過失について過去の裁判例は Q74 の②としていると指摘している。
[18]　一問一答 118 頁も、法 430 条の 2 第 2 項 3 号の重過失と、法 429 条 1 項の重過失の意義が同一であることを前提としている。

## Q76 会社が悪意および重過失はないと信じて補償をしたものの、後日悪意または重過失があった場合の補償の効力は

A 無効である。

**解 説**

　補償をすることができる損失の範囲において、支払いを行った会社の主観面は考慮の対象外である。したがって、会社が悪意および重過失がないと信じて補償をしたものの、客観的に実は悪意または重過失があったときは、当該補償は無効である。

## Q77　会社が悪意または重過失はないと信じて補償をしたものの、後日悪意または重過失があった場合に補償をした取締役の責任は

A 過失なく信じた場合には責任を問われない。

**解　説**

　悪意または重過失がある者に対して賠償金の補償をすることは、法令に違反することから任務懈怠（法 423 条 1 項）を構成するが、そう信じたことについて過失がない場合には、補償したことにより株式会社が被った損害を賠償する責任を負わない[19]。

　確定判決または和解調書その他の裁判記録の提出があって初めて会社が補償する義務を負うとすることや弁護士による意見を取得しておくこと等は、無過失の評価において有利に斟酌される事情であると考えられる。

　また、実行時に取締役会決議や社外取締役・監査役による関与を経ていれば、そこでの悪意や重過失等の要件充足性についての判断が裁判所において斟酌・尊重される可能性もある[20]。

---

[19]　別冊①神田秀樹 192 頁。
[20]　別冊②髙橋陽一 148 頁。

## Q78 確定判決または和解調書がないと賠償金・和解金の補償をしてはならないのか

A 確定判決や和解調書の存在は補償の要件ではなく、補償することは可能であるが、補償の判断の正当性を高めるべくこれらを補償の要件として補償契約に規定することは考えられる。

**解 説**

　賠償金や和解金の補償に確定判決や和解調書は要件とはされていない。したがって、これらがなくても、補償することは許容される。もっとも、確定判決、和解調書その他の裁判記録を要求することで、事案の解明が進み補償することができるかどうかの判断資料をより多く入手することができることにもつながるため、正当性を高めるべくこれらを補償の要件に規定しておくことは考えられる。

## Q79　和解金と賠償金の補償とで異なる部分はあるか

A　和解金の場合のほうが悪意または重過失の判断等が事実上難しくなる場合が多くなることが予想されるものの、和解金の補償の範囲も、基本的に賠償金の補償の範囲と同じである。

**解　説**

　法律上の要件としては賠償金と和解金の補償の要件は同じである（Q55）。

　ただし、事実上、和解金の場合には、事案の全容が明らかにならない段階で和解に至る可能性もあることから、賠償金の場合に比べると、補償対象者が悪意または重過失に基づき責任を負うのかどうかについての判断が難しい場合がある。

## Q80 結局のところ業務執行取締役の場合は賠償金の補償は補償契約を締結していてもできないのか

**A** 業務執行取締役であっても理論上は賠償金の補償の余地はあると考えられるが、限定的である。他方で、防御費用は広く許容される。

**解説**

　会社が第三者に対して直接賠償金を支払ったとすれば当該役員等に対して法423条1項に基づき求償権を行使することができる場合には、当該求償権を行使することができる部分については株式会社は補償をすることができないものとされている（法430条の2第2項2号）。

　役員等が第三者に対して損害賠償責任を負うときは、通常会社も連帯債務を負うこととなる（法350条、民法715条等）。そのため、本来、会社が第三者に対して損害を賠償すれば、会社はその後役員等に対して支払った賠償金について（役員等が無過失でない限り）任務懈怠に基づく求償（法423条1項）をすることができることが多く、業務執行取締役には責任限定契約の締結も認められていない（法427条1項）。そのため、多くの場合、賠償金の全額について会社の役員等への求償権が発生する可能性があり、上記法430条の2第2項2号によって補償は制限される（Q73）。

　理論上、例えば業務執行取締役が立証責任の転換された責任（法429条2項等）を第三者に対して負った場合であって、業務執行取締役が自己の無過失の立証に失敗し、第三者に対して損害賠償義務を負うことになった結果会社に対して補償請求をしたものの、実は無過失であったという場合には、法430条の2第2項2号の適用がなく、業務執行取締役が補償を受けられる余地はある。また、実際

には無過失ではなくとも、当該補償金の支払請求訴訟においては、補償契約に基づき義務を負うこととされる会社が補償を拒絶するために抗弁として業務執行取締役の過失について立証をしていかなければならないと解されるから、会社がその過失の立証に失敗すると会社の同号による拒絶は認められず、補償しなければならないこととなる。同様に、和解金の場合にも、役員等の過失の有無は必ずしも和解の成立や当該和解金の支払いの前提でもないから、実は無過失であったという場合には補償を受けられる余地があるし、会社が役員等の過失について立証することができない場合には（かつ、義務的な補償であれば）、会社は補償を拒否することができない。

　なお、防御費用については、法430条の2第2項2号の制限は存在しないことから、業務執行取締役であっても広く許容される（Q63以下）。

# 第4部

# 事業報告等による開示

# 19　事業報告による開示

## Q81　補償契約に関する事業報告の開示の概要は何か

A　補償契約の締結により必要となる開示事項と、補償の実行により必要となる開示事項がある。

**解　説**

　補償契約およびこれに基づく補償に関しては、事業報告において一定の開示事項が定められている（施規121条3号の2〜3号の4、125条2〜4号、126条7号の2〜7号の4）。

| 締結している補償契約 | 役員等（取締役、監査役及び執行役については、直前の定時株主総会の終結の日の翌日以降に在任していたものに限る。）との間で補償契約を締結しているときは<br>①　当該役員等の氏名又は名称<br>②　当該補償契約の内容の概要（当該補償契約によって当該役員等の職務の適正性が損なわれないようにするための措置を講じているときは、その措置の内容を含む。） |
|---|---|
| 防御費用の補償 | 役員等（当該事業年度の前事業年度の末日までに退任した者を含む。）に対して株式会社が補償契約に基づき防御費用を補償した場合において、株式会社が、当該事業年度において、原因となった職務の執行に関し、当該役員等が法令の規定に違反したこと又は当該役員等に責任があることを知ったときは、その旨 |

| 賠償金・和解金の補償 | 株式会社が役員等（当該事業年度の前事業年度の末日までに退任した者を含む。）に対して補償契約に基づき賠償金・和解金を補償したときは、その旨及び補償した金額 |
|---|---|

　会社補償は構造的に役員等との間で利益が相反する可能性がある一方で、取締役の全員も同様に補償契約を締結しているような場合には、取締役会の決議による監督のみで足りるかどうか疑義がある。そこで、上記のとおり事業報告による開示を通じて不適当な内容による補償契約の締結や補償の実行について歯止めをかけようというのがその趣旨である。

　なお、別段の定めがない限り、事業報告の記載は、事業報告の対象とする事業年度の初日から末日までに発生または変動した事象を対象とするものであると解されるが[1]、補償契約に関する事項については規定上「現に」といった文言が存在しないことからすると、事業年度の末日後に締結する契約は対象とならない。事業年度の末日後に締結をすることが「重要な事項」に該当する場合には施行規則118条1号等に基づき後発事象として開示が必要となるということは一応考えられるが、単に補償契約を締結するのみでこれに該当するとまで考える必要はない。

---

[1] パブコメ43頁。

## Q82　退任済みの役員等との補償契約の内容の概要について 事業報告において開示は必要か

A

取締役、監査役および執行役については、直前の定時株主総会の終結の日までに退任した者との補償契約の内容の概要および当該者の氏名について開示は不要である。会計参与および会計監査人については当該事業年度開始前に退任した者との補償契約の内容および当該者の氏名または名称について開示は不要である。

**解　説**

　取締役、監査役および執行役との間の補償契約に関しては、直前の定時株主総会の終結の日の翌日以降に在任していた者に限ってその氏名と補償契約の内容の概要の開示が必要である（施121条1号、3号の2参照）。したがって、それより前に退任した者については開示が不要である。例えば、3月決算（6月定時株主総会）の会社において、X＋1年3月期の事業報告には、X年6月の定時株主総会の日の翌日以降に在任していた者についてのみ開示対象であり、X年6月の定時株主総会の終結をもって退任した取締役については、開示対象外である。

図

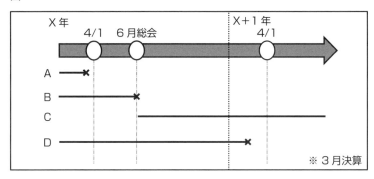

　上記図においては、AおよびBについて開示不要であるが、Cおよび D について開示が必要となる。

　他方で、会計参与および会計監査人については、当該事業年度に在任していた者について全て開示が必要となり（施規125条2号、126条7号の2参照）、上記の例でいえば、X年3月に退任した者については開示対象外であるが、X年6月の定時株主総会の終結をもって退任した者はX＋1年3月期の事業報告において、開示対象である。

　上記図においては、Aについては開示不要であるがBからDについては開示が必要となる。

　なお、補償契約に基づく補償の対象者は上記と異なるので注意が必要である（Q83）。

## Q83　退任済みの役員等に対する補償契約に基づく補償については開示は必要か

A　退任の時期に関わらず退任済みの役員等に対する補償について開示は必要となる。

**解　説**

　事業報告の開示が必要となる防御費用の補償または賠償金・和解金の補償に関しては当該事業年度の前事業年度の末日までに退任した役員等を含むものとされている（施規121条3号の3、3号の4、125条3号、4号、126条7号の3、7号の4）。したがって、退任の時期に関わらず、退任済みの役員等に対する補償については開示が必要である。

図

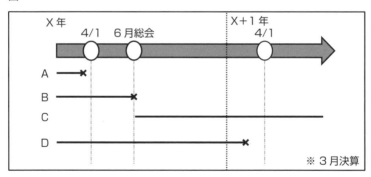

　上記図においては、AからDいずれの役員等についても開示が必要となる。

## Q84 補償契約の内容として開示すべき内容は

### A 概要で足りる。

**解 説**

　役員等との間で補償契約を締結しているときには、事業報告により、①当該役員等の氏名または名称、②当該補償契約の内容の概要および③当該補償契約によって当該役員等の職務の執行の適正性が損なわれないようにするための措置を講じている場合にあってはその内容を開示しなければならないものとされている（Q81）。

　②については、開示すべき補償契約の内容は概要で足りることから、その内容を細部に亘るまで開示する必要はなく、株主にとって重要な事項を開示すれば足りる[2]。具体的には、補償の対象となる損失の内容や範囲の概要、補償の条件の概要などが考えられるが、特段の任意の制限等を設けずに全て法令の許容する限り義務的補償とするシンプルな内容の補償契約を締結するのであれば、法430条の2第1項から第3項までに従い認められている補償を行う義務を負う内容である旨を開示するだけでも足りると考えられる。

[2] パブコメ7頁。

## Q85　職務の適正性が損なわれないようにするための措置として開示すべき内容は

> **A** 補償の範囲について制限を定めていることや、補償に係る会社の判断に社外取締役等を活用していることなどが考えられる。

### 解　説

　役員等との間で補償契約を締結しているときには、事業報告により、①当該役員等の氏名または名称、②当該補償契約の内容の概要および③当該補償契約によって当該役員等の職務の執行の適正性が損なわれないようにするための措置を講じている場合にあってはその内容を開示しなければならないものとされている（Q81）。

　③に関して、職務の適正性が損なわれないようにするための措置を講じることは必須ではない。措置としては、例えば、補償の金額に上限や法令を超えた制限を設けること、会社に対する責任に係る防御費用については補償の対象外とすること[3]、補償契約の締結（および補償の実行）に際して社外取締役または社外監査役等の同意を必要とすることなどが考えられる。

---

[3]　パブコメ27頁。

## Q86 防御費用の補償に関する開示のタイミングおよびその内容は

A 防御費用の補償をした場合であっても、当然に開示が必要となるのではなく、役員等に責任があること等を知った場合に開示が必要となる。

### 解　説

　役員等に対して補償契約に基づき防御費用を補償した会社が、当該事業年度において、原因となった職務の執行に関し、当該役員等が法令の規定に違反したことまたは当該役員等に責任があることを知ったときは、その旨を事業報告において開示しなければならない（Q81）。

　「原因となった職務の執行に関し、……法令に違反したこと又は当該役員等に責任があることを知ったとき」とは当該役員等が責任追及訴訟等で敗訴等をしたことを知ったときをいう。この事実を知った日の属する事業年度に係る事業報告において開示が必要となるのであって、防御費用を補償した事業年度に係る事業報告に開示が必要となるものではない。

　また、「その旨」の開示で足りるから、たとえば、「補償契約を締結した取締役に対して、防御費用を補償したものの、当事業年度において、原因となった職務の執行に関し、当該役員等に責任があることが判明した」というような形でもよいと考えられる。補償した防御費用の額や時期は開示する必要はない。また、補償を受けた役員等の氏名または名称や責任追及等の事案の概要の開示も不要である。ただし、「法令の規定に違反したこと」または「責任を負うこと」のいずれかを知ったのかを明らかにして記載することが相当とされる[4]。

　なお、補償契約を締結した役員等がすでに退任していた場合であっても、当該事実を知った日が属する事業年度に係る事業報告において開示が必要である（Q83）。

---

4　パブコメ 28 頁。

## Q87 賠償金・和解金の補償に関する開示のタイミングおよびその内容は

A 賠償金・和解金を補償をしたときは、補償をした日の属する事業年度に係る事業報告においてその旨と補償した金額の開示が必要となる。

### 解 説

　株式会社が役員等に対して補償契約に基づき賠償金を補償したときは、その旨および補償した金額を事業報告において開示しなければならない（Q81）。

　防御費用と異なり、補償した場合には必ず開示が必要となり、かつそのタイミングは補償をした日の属する事業年度に係る事業報告となる。

　また、開示内容は「その旨」と「補償した金額」であるから、たとえば、「当事業年度において、取締役に対して補償契約に基づき賠償金（和解金）○○円の補償をした」というような形でもよいと考えられる。同一事由に関して複数の取締役に対して賠償金・和解金を補償したときは、当該取締役らに対して補償した旨および補償した金額の合計額をまとめて記載すれば足りる。また、補償を受けた役員等の氏名や責任追及等の事案の概要の開示は不要である。ただし、賠償金と和解金のいずれを補償したかを明らかにして記載することが相当とされる[5]。

　なお、補償契約を締結した役員等がすでに退任していた場合であっても、当該補償をした日が属する事業年度に係る事業報告において開示が必要である（Q83）。

[5]　パブコメ28頁。

## Q88　非公開会社において事業報告における開示は不要か

A　非公開会社では取締役、執行役および監査役との補償契約の内容について事業報告の開示は不要である。

### 解　説

　非公開会社においては、取締役、執行役および監査役との補償契約の内容およびこれらの者に対する補償については事業報告による開示は求められない（施規 119 条参照）。

　ただし、会計参与または会計監査人との間の補償契約については事業報告での開示が必要とされている（施規 125 条 2〜4 号、126 条 7 号の 2〜7 号の 4）。

# 20 役員選任に係る株主総会参考書類による開示

### Q89 補償契約に関して株主総会参考書類において必要となる開示は何か

> A 候補者との間で補償契約を締結しているときまたは締結する予定があるときは、その補償契約の内容の概要を記載する必要がある。

**解 説**

　役員等の選任議案に係る株主総会参考書類において、候補者との間で補償契約を締結しているときまたは締結する予定があるときは、その補償契約の内容の概要を記載する必要がある（施規74条1項5号、74条の3第1項7号、75条5号、76条1項7号、77条6号）。責任限定契約に関する規律と同様のものである。

　虚偽の内容を記載すると当該候補者の選任について株主総会の決議取消事由を構成し得るが、補償契約を締結する予定があるときには、予定している概要を株主総会参考書類の作成時点において判明している限り記載すれば足り[6]、選任後実際に締結するまでの間に何らかの事情に基づき変更があったとしても選任決議の効力には影響がないものと考えられる。

　なお、職務の適正性が損なわれないようにするための措置については、事業報告と異なり、求められない。事業報告は締結済みの契

---

[6] パブコメ8頁。

約について記載することになることを踏まえて差異が設けられている[7]。

---

# 21 有価証券報告書による開示

## Q90 補償契約に関する有価証券報告書の開示の概要は何か

**A** 事業報告に記載すべき内容と同じ内容を記載する必要がある。

### 解 説

　改正法の施行に伴い開示府令についても改正がされ、有価証券報告書第一部第4の4 (1)「コーポレートガバナンスの概要」においては、役員等との間で補償契約を締結した場合には、締結した内容の概要（施規121条3号の3および3号の4に掲げる事項を含む）を記載しなければならないこととされた（開示府令第3号様式記載上の注意 (35)、第2号様式記載上の注意 (54) a・b）。

　施規121条3号の3は防御費用を補償した場合に事業報告で開示が必要となる事項であり、同条3号の4は損害賠償金・和解金を補償した場合に事業報告で開示が必要となる事項である。したがって、事業報告に記載すべき補償契約に関する事項と同様の内容を有価証券報告書にも記載する必要があることとなる。

# 第5部

# 改正法施行前後の対応

## 22　新法の適用範囲

### Q91　施行前に締結されている補償契約に新法は適用されるか

> A　法430条の2の規定は、施行後に締結された補償契約について適用がある。

解　説

　新設される法430条の2の規定は、施行後に締結された補償契約について適用があるものとされている（改正法附則6条）。施行前に既に締結された補償契約について適用があるとすると、補償契約の締結について取締役会の決議を経ていなかった場合であっても法430条の2第6項の定める利益相反取引の適用除外などの適用があることになるが、これが相当でないと考えられたためである[1]。

[1]　一問一答127頁。

## Q92　施行前に施行を条件として補償契約を締結した場合には新法が適用されるか

> A　施行を契約の効力発生の条件とし、かつ取締役会の決議によって補償契約の内容を定めて締結していれば新法が適用される。

**解　説**

　新設される法430条の2の規定は、施行後に締結された補償契約について適用があるものとされている（改正法附則6条）。このような経過措置が定められた趣旨は、施行前に既に締結された補償契約について適用があるとすると、補償契約の締結について取締役会の決議を経ていなかった場合であっても法430条の2第6項の定める利益相反取引の適用除外などの適用があることになるが、これが相当でないと考えられたためである（Q91）。

　しかし、施行を契約の効力発生の条件とし、かつ取締役会の決議によって補償契約の内容を定めて締結していれば、新法を適用したとしても特段の弊害等も想定されない。

　別途施行日に形式的に書面決議をとることを要求することにさほど実益はなく、上記のとおり施行を契約の効力発生の条件とし、かつ取締役会の決議によって補償契約を定めている場合には、新法の適用があると解してよい。

## Q93　施行前に締結されている補償契約は施行によってどうなるのか

A　施行前に締結した補償契約についてその効力が失われるものではないが、新たに契約を締結し直すことが望ましい。

**解　説**

　施行前に締結していた補償契約については、施行によってその効力が失われることはないが（改正法附則 2 条ただし書）、補償可能な範囲など補償契約に関する解釈は現行法上不明確であるため、法的処理の明確化の観点からは、施行後に法 430 条の 2 に基づき改めて締結することが望ましい（Q12）。

## Q94　施行前の職務行為を対象とする補償契約を施行後に締結する場合新法が適用されるか

A　新法が適用されるが、補償契約締結前の職務行為を対象とする補償契約を締結することの可否自体に議論がある。

**解　説**

　新法は、施行後に締結された補償契約について適用があるから（改正法附則6条）、施行前の職務行為を対象とする補償契約を施行後に締結する場合には、新法が適用される。

　もっとも、補償契約締結前の職務執行に関するものを対象にする補償契約の締結に関しては議論があるため（Q27）、留意が必要である。

# 23 施行前後の補償契約の開示

## Q95　事業報告の開示はいつから必要になるのか

A　施行日後に補償契約を締結した場合には、事業報告の開示対象となる。

【解　説】

　改正後の事業報告に係る規定は、施行日後に締結された補償契約について適用されるため（改正省令附則 2 条 10 項）、施行日後に補償契約を締結した場合には、その対応が必要となる。

　たとえば、3 月決算（6 月総会）の会社においては、2021 年 3 月中に補償契約を締結すれば、2021 年 3 月期の事業報告において開示が必要となる。他方で、6 月総会後に締結した場合には、2022 年 3 月期の事業報告において開示が必要となる。

　なお、2021 年 4 月に補償契約の締結をしていた場合には、事業年度末日後に締結する契約は原則として開示対象とならないと解されることから（Q81）、原則 2021 年 3 月期の事業報告においてその記載は不要であり、2022 年 3 月期の事業報告において開示すれば足りる。

## Q96 株主総会参考書類による開示はいつから必要になるのか

A 施行日後に補償契約を締結した場合または締結する予定がある場合には、株主総会参考書類の開示対象となる。

### 解 説

　改正後の株主総会参考書類に係る規定については、施行日後に締結される補償契約について適用されることとされている（改正省令附則2条6項）。もっとも事業報告と異なり（Q95）、施行日後に締結をしていなくても、締結「する予定がある」場合（施規74条1項5号等）についても改正後の規定の適用があると解される点については、留意が必要である。

　たとえば、12月決算（3月総会）の会社においても、2021年3月総会における役員等の選任議案上程時に候補者との間で補償契約の締結を予定している場合には、株主総会参考書類においてその概要を記載しておく必要がある。

# 第6部

# 諸外国の概況

# 24　諸外国における会社補償の概況

## Q97　米国における会社補償の規制はどのようなものか

> **A** 代表的なデラウェア州一般会社法においては詳細な規定が存在する。また、連邦法上、補償契約等による補償規定の効果を開示することが求められている。

**解　説**

### 1　DGCL

　米国においては全ての州法上会社補償についての明文の規定が存在すると指摘されており、米国における最も代表的な州会社法であるデラウェア州一般会社法（以下「DGCL」という）においては、会社補償について概要以下のとおり詳細な規定を設けている（DGCL145 条）[1]。

| 裁量的補償 | 【要件と補償の対象】<br>会社は取締役等に対して以下の要件・対象にて費用等を補償することができる。<br>○　全ての民事・行政・刑事手続（会社による訴訟・株主代表訴訟を除く）（DGCL145 条 a）<br>　　要件：<br>　　　　①　会社の最善の利益を図り、又はそれに反しないと合理的に信じるところに従って、誠実に行動したこと、かつ、 |
|---|---|

---

[1]　先進国調査 4 頁以下参照。

| | |
|---|---|
| | ② （刑事手続については）当該行動が違法であると信じるに足る合理的な理由がないこと<br>対象：費用、損害賠償金、和解金、罰金<br>○ 会社に対する責任（株主代表訴訟を含む）（DGCL145条 b）<br>要件：<br>① 会社の最善の利益を図り、又はそれに反しないと合理的に信じるところに従って誠実に行動したこと、かつ<br>② 責任がある者については裁判所が適切と認めた者であること<br>対象：費用<br><br>【補償の決定者】<br>補償の決定は、裁判所が命令する場合を除き、次のいずれかの者によってされる（DGCL145条 d）。<br>① 訴訟等の当事者でない取締役の過半数<br>② 訴訟等の当事者でない取締役によって構成される委員会<br>③ 訴訟等の当事者でない取締役がいない場合又は訴訟等の当事者でない取締役が指示する場合には、独立した法律顧問による意見書<br>④ 株主 |
| 義務的補償 | 取締役等が訴訟等に勝訴した限度において、会社は費用を補償しなければならない（DGCL145条 c）。 |
| 訴訟等の終結前の支払 | 費用に限り、訴訟等の最終的な終結の前であっても支払うことができる。ただし、取締役等が最終的に補償することが認められない場合に返還することを約束している場合に限る（DGCL145条 e）。 |

　なお、DGCL の定めは排他的なものではなく（DGCL145条 f）、補償契約、定款または附属定款の定めに基づき裁量的補償（訴訟等の終結前の支払いを含む）を義務的補償とすることができるものと解

されている。ただし、補償契約、定款または附属定款によっても、DGCL145 条 a・b の趣旨に反する補償は認められないと解されている。

　多くの大企業が補償契約等によって役員等に対して争訟費用の義務的な補償を提供しているとの指摘がある[2]。

　2　連邦法上の開示

　連邦法上、その定款、附属定款または補償契約等による補償規定の効果をその登録届出書（Form S-1）において開示することが求められている[3]。なお、年次報告書（Form 10-K）の添付書類として補償契約が開示されている例も存在する。

[2]　先進国調査 9 頁。
[3]　SEC Form S-1, item 14 および Regulation S-K, Item 702。先進国調査6頁も参照。

## Q98 イギリスにおける会社補償の規制はどのようなものか

A 2006年会社法において規律されており、その要件や開示義務などが定められている。

**解 説**

2006年会社法（Companies Act 2006）においては、会社に関する過失または義務違反によって生じる取締役の責任の全部または一部を免除する条項や、その全部または一部を会社が直接または間接に補償する旨を定める条項は、原則として無効とされている（2006年会社法232条1〜3項）[4]。

ただし、以下に関する費用等の補償についての補償契約等の条項は許容され得るとされている（2006年会社法233条）[5]。

① 会社または関連会社以外の第三者に対する損害賠償金

② 第三者が提起した民事訴訟の防御費用

③ 会社または関連会社が提起した民事訴訟の防御費用（勝訴または敗訴判決を受けずに和解した場合に限る）

④ 刑事事件の防御費用（無罪となった場合に限る）

⑤ 行政制裁手続についての防御費用

上記の条項が存在する場合には、当該条項が効力を有していたことを取締役報告書に記載しなければならず（2006年会社法236条）、当該条項の写しを事務所に備え置かなければならない（同法237条2〜4項）。かかる写しについて株主は閲覧・謄写請求をすることが可能である（同法238条）[6]。

[4] 先進国調査19頁。
[5] 先進国調査22頁。
[6] 先進国調査23頁。

## Q99　ドイツおよびフランスにおける会社補償の規制はどのようなものか

> A　ドイツおよびフランスにおいては明文の規定はなく、解釈に委ねられている。

### 解　説

　ドイツにおいては、会社補償についての明文の規定はなく、解釈に委ねられている。もっとも、会社による賠償請求権の放棄・和解について、請求権発生後3年後、かつ株主総会がこれに同意し、基本資本の10分の1を有する少数株主が文書で異議を述べなかった場合に限り可能であると規定されていること（株式法93条4項3文）や、費用償還請求権について会社に対する義務違反が存在しないことが要件と解されていることから、会社補償は基本的に否定的に解される傾向にあると指摘されている。補償契約の開示に関する規定も特に存在しない[7]。

　フランスにおいても、会社補償についての明文の規定はなく、解釈に委ねられている。フランスにおいては、会社は、会社役員に対して適正な手続で定められた報酬以外の利益を与えることはできないとされ（L225-44条）、これにより会社に対する責任については会社補償は機能させることはできないと考えられている。そのため、会社補償は、役員の対第三者責任のみにおいて機能し、一般的には、第三者から責任追及をされたことに伴う出費（防御費用、調査費用その他）については補償することが認められるものの、刑事責任、行政罰、税務責任などに加えて、意図的なフォート行為に対する民事責任は補償の対象外と考えられているようである。また、補

---

[7]　先進国調査48頁以下。

償契約の締結については、規制される取引として取締役会の事前承認および株主総会の事後承認が必要とされている（L225-38 条 2 項）。なお、商法等に補償契約の開示に関する規定も特に存在しない[8]。

## ⸤25⸥　米国における補償契約の内容

### Q100　米国において補償契約を締結する目的は何か

> **A** 法律、定款や附属定款に定める以上の保護を与えることなどが その目的である。

**｢解　説｣**

　デラウェア州一般会社法においては、補償契約の締結なくしても 会社補償をすることができるが（Q97）、それにもかかわらず役員 との間で補償契約を締結するのは、法律で定められている以上の保 護を役員に与えるためであると理解されている。

　特に、定款や附属定款と異なり、補償契約の場合には、契約を締 結する相手方の同意なくして変更をすることができないことからよ り強度の保護を与えることができる。また、定款や附属定款に定め ることは一般に馴染まない補償に関する手続等を定めておくことを 目的として補償契約が締結されている[9]。

---

[9]　Practical Law, Indemnification Agreement (DE Public Company)

## Q101 米国における補償契約の内容の概要は

> 主要な項目を挙げると、前文、定義、義務的補償、訴訟等の終
> A 結前の支払い、補償請求の手続、補償義務の判定、補償の例
> 外、D&O 保険の取扱いなどが挙げられる。

**解 説**

　10-K での開示事例等を踏まえると、各社ごとに差異がある部分
はあるものの、米国の上場企業における補償契約の主な傾向は、概
ね以下の通りと整理できる。

| 前文 | ○優秀な人材の招聘のために補償契約による保護を付与する必要があることや、これを付与することが株主の利益に適うことなどを規定。 |
|---|---|
| 定義 | ○ Expense（費用）、Claim（請求）、Proceeding（手続）などについて比較的詳細な定義規定。 |
| 義務的補償 | ○法律上許容される限り補償する義務を負うものとし、デラウェア州一般会社法上裁量の補償として規定されているものを契約によって義務的なものへと変更することが一般的。 |
| 訴訟等の終結前の支払い | ○費用の前払いはデラウェア州会社法上裁量的補償として規定されているのみであるが、義務的な補償へと変更することが一般的。 |
| 補償請求の手続 | ○ Claim があった場合の会社への通知義務やその後手続等について規定。<br>○会社による訴訟活動の引受け等についても規定。 |
| 補償義務の判定 | ○判定権者：訴訟等の当事者でない取締役の過半数や訴訟等の当事者でない取締役によって構成される委員会によって原則として判定されるものの、Change of Control が生じた場合には法律顧問とすること等について規定。 |

| 補償義務の判定 | ○一定の事実の推定や立証責任を会社が負うことなどについて規定。 |
| --- | --- |
| 補償の例外 | ○例えば、以下の損失などについては補償することができないと規定。<br>　▷　補償を受ける取締役等が提起した防衛のためのものでない訴訟等に関する損失<br>　▷　会社の承諾なくされた和解に係る和解金<br>　▷　短期売買利益（short swing profit）の返還義務についての損失 |
| D&O 保険 | ○ D&O 保険の会社による維持義務等について規定。 |

## Q102　米国のように補償義務の判定について手続を定めることはできるか

A　可能である。またこの場合に義務の有無の判断を取締役会決議以外で行うものとすることもできる。

**解　説**

　米国においては、補償契約により許容される限りの範囲について補償を全て義務的補償とし、一定の例外や判定の手続を設けていることがその傾向としてみられる（Q101）。デラウェア州一般会社法の建付け（Q97）に沿ったものであると考えられるが、わが国においても義務的な補償事由を定めた上で（Q29）、これと同様の定めを設けることは可能である。

　そして、判定権者としては、取締役会の決議とすることも可能であるが、米国のように、利害関係のない取締役により構成される委員会や弁護士とすることも可能であると考えられる。この点、義務の有無の判定を、重要な業務執行の決定（法362条4項）であると考えると、指名委員会等設置会社または監査等委員会設置会社でなければ原則として取締役会の決議によらなければならなくなるが、義務の有無は法的な評価であり、取締役会による業務執行の決定であると考える必要はないと思われる。

　なお、裁量的補償の場合において問題となる会社側での当該補償をするかどうかの判断においては、上記の義務の有無の判定とは異なり、諸般の事情を考慮した経営判断が必要となる。上記の義務の判定とは性質的に異なるものであり、裁量的補償の実行の判断について重要な業務執行の決定（法362条4項）に該当すると考えることと（Q44）、上記の義務の判定はこれに該当しないと考えることは矛盾するものではない。

## Q103　米国のように事実の推定や立証責任の転換等を定めることができるか

A 定めることは可能であるものの、その効果に明確でない点がある。

**解　説**

　米国では、会社が行う補償義務の判定に関して、補償義務があることが推定され、会社が補償義務のないことが立証できなければ補償しなければならない旨を定める傾向がある（Q101）。

　わが国においても、このような規定を設けることは可能であり、補償を受ける役員等からすると、通常、このような規定があると、補償請求をしやすくなることになり有利と考えられる。

　他方で、補償をする会社の立場からすると、当該補償をすることが法律上許容されるか、そして補償するに至った判断に問題がなかったかということは究極的には裁判所で判断される事項である。株主から代表訴訟を提起された場合などに、補償契約にそのような規定があったことは、補償をしなければならないやむを得ない事情の一つであるとして有利に働き得るとも考えられるが、そのような条項をあえて規定したことについてどのように評価されるかは個別事案にもよるように思われ、一概には評価し難い。

## Q104　米国のように会社が訴訟活動を引き受ける旨を定めることはできるか

**A** 難しいと考えられるが、訴訟活動に一定のコントロールが及ぶような規定を設ける余地はある。

### 解　説

　米国においては、会社が補償義務を負う場合に役員等から訴訟活動を引き受けることができる旨が補償契約に定められることがある（Q101）。

　わが国においては、役員等の訴訟を会社が変わって追行することは弁護士代理の原則（民訴54条1項）や弁護士法上の問題があり難しいと考えられる。もっとも、防御活動に関して事前に会社の承認を得るようにすること等を補償契約に定めることにより一定のコントロールができるようにすることはあり得る。また、会社による民事訴訟手続への訴訟参加（民訴42条以下）が認められる可能性もある。

# 第7部
# モデル補償契約

　　補償契約の締結にあたっては、会社が主導権をもってその内容について決定することが多いと考えられるが、とりわけ海外から人材を招聘する場合などには、相手方にも日本法または母国法の弁護士が就き、相応の質問や場合によっては内容の変更の要請等がされることもあり得る。本モデルは、そのようなことも考慮の上、法律上の制約を踏まえつつ、シンプルでわかりやすく、かつ相手方にも相応に納得感のある内容とすることを基本方針としている。解説においては、規定の意図をなるべく網羅して説明をするようにしている。

　　特に、個別の事情に応じて調整をしたり、要否を検討したりすることが考えられる部分には本モデル中［　］を付して記載をしている。また、代替案については、必要に応じて解説中で述べることとしている。

　　なお、いうまでもなく、実際の契約の内容は、各社の置かれている状況や補償契約の相手方となる役員等の意向等も踏まえて検討する必要がある。

　　（以下、条項数だけを記載しているものはすべて本モデル補償契約の条項を示す）

# ①　頭　書

---

補償契約

Ｘ株式会社（以下「当社」という。）及びＹ（以下「補償対象者」という。）は、補償対象者による当社の［取締役］としての職務（［当社の使用人を兼務している場合における当該使用人としての職務を含み、］以下「本職務」という。）の執行に関し、会社法430条の2第1項に規定する補償契約（以下「本契約」という。）を、以下のとおり締結する。

---

　頭書においては、契約の当事者を記載するとともに、法430条の2第1項に規定する補償契約である旨と、本契約が［取締役］としての職務の執行に関する補償契約である旨を定めている。

　［取締役］の部分については、締結の相手方に応じて、監査役、執行役等とすることが考えられる。どれか一つに限定せずに包括的に、法423条1項において定義される役員等とすることもあり得る。［取締役］の部分については、8条1項の［取締役］とそろえる必要がある。

　また、使用人を兼務している取締役の場合には、当該使用人としての職務の執行に関する補償契約についても、法430条の2の適用があるものと取り扱い（Q7）、［当社の使用人を兼務している場合における当該使用人としての職務を含み、］という文言を記載している。監査役（法335条2項参照）など会社の使用人を兼務することが想定されない場合には、不要である。

　なお、本モデルでは、各役員等と個別に契約を締結することが想定されている。複数の役員等と一括して締結することが禁止されているわけではないが、いたずらに契約関係が複雑になる懸念がある。

# ② 前文・目的

---

第1条（目的）
　本契約は、当社の企業価値維持・向上の観点から、補償対象者に対して必要な範囲で補償を提供することによって、補償対象者に対して本職務を適切に執行するインセンティブを付与し、かつ、責任追及等に対する必要な防御手段を与えることを目的とする。

---

　英文の契約では「Recital」（前文）を設け、その契約がなぜ締結されるに至ったのかの経緯等を説明することも多い。実際に開示されている米国の補償契約では、前文に、優秀な人材の招聘ために補償契約による保護を付与する必要があることやこれを付与することが株主の利益に適うことなどが規定されている（Q101）。

　日本の契約では、このような前文を設けることはあまり多くはないため、本モデルにおいても設けていない。他方で、日本においては「目的」という条項を設け、契約の目的について規定しておくということはしばしばある。本モデルでも、1条に「目的」の条項を設け、会社の企業価値維持・向上の観点から本契約を締結することを含めて、補償契約締結の意義について抽象的に規定をすることとしている。

## ③　定　　義

第 2 条（定義）
　本契約において使用される以下の用語は、以下に定める意味を有する。
(1) 「責任追及等」とは、法令の規定に違反したことが疑われ、又は責任の追及に係る請求を受けることをいう。
(2) 「賠償金」とは、補償対象者が第三者に生じた損害を賠償する責任を負う場合において、補償対象者が賠償することにより補償対象者に生ずる損失をいう。なお、賠償金は、補償対象者が当該第三者に対して損害を賠償することにより発生する。
(3) 「賠償金等」とは、賠償金及び和解金を総称していう。
(4) 「法令」とは、国内外の条約、法律、政令、通達、規則、命令、条例、ガイドライン、金融商品取引所その他の自主規制機関の規則その他の規制をいう。
(5) 「防御費用」とは、補償対象者が、責任追及等に対処するために支出する費用をいう。なお、防御費用は、補償対象者が当該費用に係る支出を要することとなった時点で発生する。
(6) 「和解金」とは、第三者に生じた損害の賠償に関する紛争について当該第三者と補償対象者間に和解が成立した場合において、補償対象者が当該和解に基づき金銭を支払うことにより補償対象者に生ずる損失をいう。なお、和解金は、補償対象者が当該金銭を支払うことにより発生する。

　本モデルでは、2 条として定義規定を設けることとしている。本契約の分量は全体として数ページ程度であるので、あえてこのような定義規定を設けないこともあり得るが、主要な条項については本条で規定しておいたほうがわかりやすいとも思われることからこのようにしている。

## 1 「責任追及等」

　会社法上、防御費用は、「法令の規定に違反したことが疑われ、又は責任の追及に係る請求を受けたこと」に対処するために支出する費用と規定されている（法430条の2第1項1号）。契約上の意義と会社法上の意義を統一する観点から、同じ表現を使用することとしているが、ドラフティングの便宜上、「法令の規定に違反したことが疑われ、又は責任の追及に係る請求を受けること」を「責任追及等」という略称で定義している。その意義については、Q63を参照。

　なお、防御費用については、2条5号で定義している。

## 2 「賠償金」

　「賠償金」の定義は、契約上の意義と会社法上の意義を統一する観点から、法430条の2第1項2号イの規定に即して規定している。ただし、同号の「その職務の執行に関し」という部分については本定義には盛り込んでいない。この点は、「賠償金」の定義の内容として限定するのではなく、本契約に基づく補償を、本職務の執行に関連するものに限定することで盛り込んでいる（5条1号参照）。

　なお、賠償金は、法430条の2第1項第2号イの文言上、補償対象者が賠償に関する金銭を支払うことにより生ずることとされていることから、「賠償金」の発生時期についてその旨も規定することとしている。もっとも、賠償金については、未発生であっても、金額が確定している場合には補償の対象外とはならない（5条4号）。

## 3 「賠償金等」

　賠償金と和解金をまとめて「賠償金等」と定義している。会社法上賠償金と和解金の補償の範囲は同じであることから（Q55、Q79）、このようにまとめて定義しておくことが便宜である。

## 4　「法令」

　「法令」の定義には、外国の法令等までも含めている。役員等が
負う責任追及等のリスクは国内法令に留まらないし、外国において
事業展開をしていたり、役員等が外国籍である場合には、外国法令
も勘案しなければならない可能性もあるからである。また、通達、
規則やガイドライン等の規制も、実務上法令と同様に遵守しなけれ
ばならないものであることから、その内容に含めている。

## 5　「防御費用」

　「防御費用」の定義は、契約上の意義と会社法上の意義を統一す
る観点から、法 430 条の 2 第 1 項 1 号の規定に即して規定している。
ただし、同号の「その職務の執行に関し」という部分を本定義に盛
り込んでいない点は賠償金と同じである。

　なお、防御費用の発生の時期は、賠償金と異なり、補償対象者が
費用に係る支出を要することとなった時点であることも規定してい
る。未発生の防御費用については、補償の対象外としている（5 条
2 号）関係で、明確化の観点からこのような規定を置いている。

## 6　「和解金」

　「和解金」の定義は、契約上の意義と会社法上の意義を統一する
観点から、法 430 条の 2 第 1 項 2 号イの規定に即して規定している。
同号の「その職務の執行に関し」という部分については、賠償金お
よび防御費用の定義と同様である。

　また、和解金については、法 430 条の 2 第 1 項 2 号の「第三者に
生じた損害を賠償する責任を負う場合における」という部分につい
ても本定義には盛り込んでいない。理論的には、補償対象者が真実
は責任を負っていない場合であっても和解をすることがあり得ると
ころではあり、かつ当然にそのような場合の和解に基づき金銭を支
払うことにより生ずる損失も補償することができると解されること

から、あえて同号のとおりに限定すべきでもなく、「和解金」の定
義に含めている。和解金の発生時期については、賠償金の定義と同
様である。和解金についても、未発生であっても、金額が確定して
いる場合には補償の対象外とはならない（5条4号）。

# 4 補　償

第3条（補償）
　当社は、本契約の規定に従い、かつ法令に反しない範囲内で、本職務の執行に関連して補償対象者に生ずる費用又は損失（以下「費用等」という。）を、補償対象者に対して補償する。

　会社が役員等に対して補償をする旨の規定であり、本契約の根幹をなす規定である。本契約において、補償請求その他の補償に関する手続や、補償の対象から除外される費用等が諸々定められているが、それらは全て「本契約の規定に従い」という文言で読み込まれることとなる。

# 5　補償請求

---

第4条（補償請求）
1.　補償対象者は、防御費用又は賠償金等の補償を当社に対して請求する場合には、当該請求に係る費用等（以下「対象費用等」という。）の金額その他の内容を具体的に記載した当社所定の書面により行わなければならず、かつ、当社が合理的に要求する資料を提供しなければならない。
2.　前項の規定に従った請求（前項に定める資料の提供を含む。以下「補償請求」という。）があった場合には、当社は、対象費用等が次条各号に定める費用等に該当する場合を除き、対象費用等に相当する額の金銭（以下「補償金」という。）を、補償請求があった日から〇営業日以内に補償対象者が別途指定する銀行口座に振り込む方法により支払う。
3.　補償対象者が対象費用等に係る第三者への債務の弁済をしていないときは、当社は、補償金の全部又は一部について、前項の振込みに代えて、当該債務を補償対象者に代わって弁済する方法により支払うことができる。

---

　本モデル4条では、補償請求の手続や補償金の支払いに関して規定している。

1　補償請求

　4条1項では、補償を請求するには、補償請求に係る費用等の金額等を記載した会社所定の書面により行わなければならないことおよび会社が合理的に要求する資料を提供しなければならないことを規定している。添付資料については、例えば、（防御費用であれば）各種領収書や請求書、（賠償金等であれば）確定判決、示談書・和解調書、その他裁判記録などが考えられる（Q77、Q78 参照）。

　会社所定の書面の内容や添付資料の内容については、あらかじめ、会社として内部規程等で明確にしておくことが望ましい。

## 2　補償義務

### ア　義務的補償

　4条2項では、1項の規定に従った補償請求があった場合には、5条各号に定める費用等に該当する場合を除き、会社が補償金を補償対象者が指定する銀行口座に振り込まなければならない旨を規定している。本項は、5条各号に定める費用等以外の費用等については、全て会社が補償義務を負うことを前提とした規定である。

　義務とする以上、支払時期を規定しておく必要があることから、「補償請求があった日から○営業日」と規定している。そして、「補償請求」に関して、「前項に定める資料の提供を含む」とすることによって、必要な資料の提供がない限りは補償請求があったものと取り扱わない（支払時期が到来しない）ものとしている。

　なお、米国の契約にも倣って（Q102、103）、義務的補償としつつも、実際に補償請求があった際には、当該補償請求に係る費用等が5条各号に定める費用等に該当するか会社において確認・判断プロセスについて規定することも考えられる。あらかじめそのような確認・判断プロセスを規定しておくことで、補償対象者にも事前にそれを認識しておいてもらう効果が期待できる。

　仮にそのようなプロセスを規定しておく場合には、以下のような規定が考えられる。

○　義務の判定プロセスを規定する例

| 第4条（補償請求） |
| --- |
| 1.　（略） |
| 2.　前項の規定に従った請求（前項に定める資料の提供を含む。以下「補償請求」という。）があった場合には、当社は、対象費用等が |

次条各号に定める費用等に該当すると合理的に判断する場合を除き、当該費用等に相当する額の金銭（以下「補償金」という。）を、次項に定める期間の経過後〇営業日以内に補償対象者が別途指定する銀行口座に振り込む方法により支払う。
3. 前項の判断は、補償請求があったときから［1か月間］の期間内に［、当社取締役会の決議により］行うものとする。
4. （略）

　上記の例では、原案2項が「……該当する場合を除き」としていた部分を、「……該当すると合理的に判断する場合を除き」と規定している。単に「……該当すると判断する場合を除き、」とすることもあり得るが、補償対象者の側からすると、「……該当すると判断する場合を除き、」では、実際に補償が必要となる場面で客観的には次条各号に該当していないにもかかわらず、会社が該当すると判断することで補償を受けられないのではないかという懸念を有することも考えられる。そこで、上記の例では、「合理的に」という文言を付すことでこれに対処している。

　また、支払時期を、原案2項が「補償請求があった日から〇営業日」と規定していた部分を、「……次項に定める期間の経過後〇営業日以内」と規定することとしている。

　そして、3項を新たに設けて、会社の判断についての期限を設けることとしている。この期間内に会社が、「対象費用等が次条各号に定める費用等に該当する」と判断しない場合には、補償金の支払い義務が発生することとなる。なお、［　］を付している部分のように、判断の方法（取締役会の決議による等）を併せて規定しておくことも考えられる。判断権者が取締役会の場合は、「［1か月］の期間内」とある期間の定めを「［1か月］経過後に最初に招集される取締役会の終結の時までの期間内」とすることも考えられる。

　なお、米国の契約に倣って（Q101）、Change of Control が生じた場合など補償対象者として会社における公平な判断を期待できない

と考える場合などにはその判断権者を弁護士等としたりすることも考えられる。

　イ　裁量的補償

　本モデル 4 条とは異なり、補償について、会社が補償する義務を負うものとはせずに、裁量によって補償することができる旨を規定することも考えられる。そのような場合については、例えば以下のような規定が考えられる。

○　裁量的補償の例

---

第 4 条（補償請求）
1.　（略）
2.　前項の規定に従った請求（前項に定める資料の提供を含む。以下「補償請求」という。）があった場合において、対象費用等が次条各号に定める費用等に該当せず、かつ、当社が相当と判断するときには、当社は、対象費用等に相当する額の全部又は一部の金銭（以下「補償金」という。）を、速やかに補償対象者が別途指定する銀行口座に振り込むことができる。
3.　[前項の判断は、当社取締役会の決議により行うものとする。]
4.　（略）

---

　上記の例では、原案 2 項が「……該当する場合を除き……振り込む」としていた部分を、「……該当せず、かつ、当社が相当と判断するときには……振り込むことができる」としている。また、裁量的補償の場合には、補償をするかどうかの判断は裁量によって決定されることから、補償金を支払う期限は「速やかに」としか定めていない。費用等の全額ではなく、一定限度についてのみ補償を認めることもあり得るから、「全部又は一部の金銭を……振り込む」としている。

　裁量的補償における補償の決定については、必ず取締役会の決議が必要となるものではないが、それが「重要な業務執行の決定」

（法362条4項）に該当する場合には必要となることがある（Q44）。契約書上、必ず取締役会の決議により行うものとすることも可能であり、その場合には、上記例の3項のような規定を設けることが考えられる。

　また、一定の費用等や事由ごとに義務的補償と裁量的補償を区別して規定をすることも考えられる。防御費用については義務的補償とした上で、賠償金等については裁量的補償とする場合には、例えば以下のような規定が考えられる。

○　防御費用については義務的補償とし、賠償金等を裁量的補償とする例

> 第4条（補償請求）
> 1.　（略）
> 2.　前項の規定に従った請求（前項に定める資料の提供を含む。以下「補償請求」という。）があった場合において、対象費用等が防御費用であり、かつ、次条各号に定める費用等に該当しないときには、当社は、対象費用等に相当する額の金銭（以下「補償金」という。）を、補償請求があった日から〇営業日以内に補償対象者が別途指定する銀行口座に振り込む。
> 3.　補償請求があった場合において、対象費用等が賠償金等であり、次条各号に定める費用等に該当せず、かつ、当社が相当と判断するときには、当社は、対象費用等に相当する額の全部又は一部の金銭（以下「補償金」という。）を、［速やかに］補償対象者が別途指定する銀行口座に振り込むことができる。
> 4.　［前項の判断は、当社取締役会の決議により行うものとする。］
> 5.　（略）

　上記の例では、2項で「対象費用等が防御費用であり……」として防御費用についての義務的補償を規定し、3項で「対象費用等が賠償金等であり……」として賠償金等についての裁量的補償を規定している。4項は前記「裁量的補償の例」の3項に相当する規定である。

　なお、防御費用について一定の主観的要件の場合には裁量的補償とすることも考えられる。悪意・重過失がある場合の防御費用を裁量的補償とする場合には、例えば、2 項の「防御費用」を「防御費用（補償対象者がその職務を行うにつき悪意又は重大な過失があったことに起因するものを除く。）」とし、3 項の「賠償金等」を「賠償金等（補償対象者がその職務を行うにつき悪意又は重大な過失があったことに起因する防御費用を含む）」とすることが考えられる。

## 3　代弁済

　本モデル 4 条 3 項では、補償対象者が対象費用等に係る第三者への債務の弁済をしていないときについて、会社が補償金を補償対象者に支払うのではなく、第三者に対して直接支払うことを選択することができることとしている。法律上、補償金についてこのように第三者に対して直接支払うことも許容される（Q48）。

　本項は会社による選択権を定めた規定であり、補償対象者による選択権についてはここでは規定していない。これは、補償対象者が第三者への直接の支払いを望む場合には、振込先の銀行口座を第三者の銀行口座に指定する（4 条 2 項）ことによってすることができるためである。

# 6　補償の例外

第5条（補償の例外）
　本契約の規定にかかわらず、以下の費用等については、当社は補償をすることを要しない。
(1)　本職務の執行に関連しない費用等
(2)　未発生の防御費用
(3)　通常要する費用の額を超える防御費用
(4)　未発生の賠償金等（金額が確定している場合を除く。）
(5)　当社に生じた損害に係る賠償金等
(6)　補償対象者がその職務を行うにつき悪意又は重大な過失があったことにより損害を賠償する責任を負う場合における当該損害に係る賠償金等
(7)　第三者に生じた損害に係る賠償金等のうち、当社が当該第三者に対して損害を賠償するとすれば補償対象者が当社に対して会社法第423条第1項の責任を負うこととなる部分
(8)　第7条第3項に違反して補償対象者が和解をした場合の和解金［（当社が相当と認めるときを除く。）］
(9)　保釈保証金、過料、課徴金又は罰金
(10)　会社法第430条の3第1項に定義される役員等賠償責任保険契約（以下「役員等賠償責任保険契約」という。）に基づく保険金の支払いその他の理由により別途塡補を受けた費用等
(11)　補償することで当社が法令に違反し、又は当社の取締役が善管注意義務に違反することとなる費用等

　本モデル5条では、補償の例外として、補償しない費用等について定めている。

1　職務執行に関連しない費用等
　職務執行に関連しない費用等は補償契約の対象外であることから（Q7）、本職務の執行に関連しない費用等を掲げている。なお、本

職務については、上記1参照。

## 2　未発生の防御費用

　防御費用が現実に発生していない時点で補償をするということについては適切でないと考えられていることから（Q47）、未発生の防御費用は補償の対象外としている。なお、防御費用の発生の時期については上記3 5 参照。

　他方で、発生済みの防御費用（補償対象者が支出を要することになった防御費用）については、責任追及等に係る訴訟等が終結する前であっても特段の制限なく補償の対象となることを前提としている。

　なお、訴訟等が終結する前の段階での補償については、別途の手続を要するものとすること（会社が別途承諾をした場合にのみ支払うものとすることなど）も可能ではある。

## 3　通常要する費用の額を超える防御費用

　通常要する費用の額を超える防御費用について補償契約に基づく補償をすることはできないことから（法 430 条の 2 第 2 項 1 号）、補償の対象外である旨を定めている。なお、「通常要する費用の額」の意義については、Q69 参照。

## 4　未発生の賠償金等

　賠償金等については、現実に発生していない時点（補償対象者が支払いをしていない時点）でもその金額が確定している段階にあっては、補償をすることは許容されるから（Q47）、金額が確定していない場合に限り、補償の対象外としている。

## 5　会社に生じた損害に係る損害金等

　会社に生じた損害に係る損害金および和解金について補償契約に

基づく補償をすることはできないことから（Q71）、補償の対象外
である旨を定めている。

6　悪意または重過失に基づく損害金等
　悪意または重過失に基づく賠償金等について補償契約に基づく補
償をすることはできないことから（法430条の2第2項3号）、補償
の対象外である旨を定めている。なお、「重大な過失」の意義につ
いては、Q74以下参照。

7　損害金等のうち会社が求償権を有する部分
　第三者に生じた損害に係る損害金等のうち、会社が求償権を有し
得る部分については、補償契約に基づく補償をすることはできない
から（法430条の2第2項2号。Q73も参照）、補償の対象外である
旨を定めている。

8　7条3項に違反して行った和解の和解金
　本モデルでは、補償対象者が和解をする場合には事前に会社の承
諾を得なければならないものとしているが（7条3項）、当該制約を
実効的なものとするべく、これに違反して行った和解の和解金につ
いては補償の対象外としている。ただし、諸般の事情を考慮の上、
会社において補償を許容してもよい場合には補償をする余地も残し
ておく場合には、例えば「当社が相当と認めるときを除く。」とい
うような除外を設けることも考えられる。

9　保釈保証金、過料、課徴金又は罰金
　保釈保証金、過料、課徴金や罰金についても補償契約に基づく補
償をすることはできないことから（Q56、57）、補償の対象外である
旨を定めている。

## 10　D&O 保険等により別途補塡を受けた費用等

　二重の補塡を避ける観点から、D&O 保険（会社法上は、法 430 条の 3 第 1 項において「役員等賠償責任保険契約」と定義されている）等により別途補塡を受けた費用等については、補償の対象外である旨を定めている。なお、本モデルでは「塡補を受けた」としていることから、保険金の請求をしていれば塡補を受けられる場合であっても、実際に塡補を受けていなければ補償の対象外とはならないことが想定されている。保険金の請求の手続等に一定の期間を要する可能性もあることを踏まえたものである。

## 11　補償することが法令に違反する費用等

　いわゆるキャッチオールとして会社が補償をすると法令に違反することとなる費用等については補償の対象外である旨を定めている。また、補償することで取締役が善管注意義務に違反することとなる場合が対象外となる旨も明記している。

## 12　その他

　本モデルでは規定を設けていないが、例えば、本契約締結前から補償対象者が役員等に在任している場合には、本契約締結前の職務の執行に関連する費用等などを除外したり（Q27）、（株主代表訴訟ではなく）会社による役員等に対する責任追及に係る防御費用を除外する（Q58）ことなどが考えられる。

# ７　補償金の返還

---

第６条（補償金の返還）
1. 当社は、補償対象者に防御費用を補償した場合において、補償対象者が自己若しくは第三者の不正な利益を図り、又は当社に損害を加える目的で本職務を執行したことを知ったときは、補償対象者に対し、補償した金額に相当する金銭を返還することを請求することができる。
2. 当社は、補償対象者に補償した費用等が、前条各号に掲げる費用等であることを知ったときは、補償対象者に対し、補償した金額に相当する金銭を返還することを請求することができる。
3. 当社は、補償対象者に補償した費用等について、補償対象者が役員等賠償責任保険契約に基づく保険金の支払いその他の理由により別途填補を受けたことを知ったときは、補償対象者に対し、当該填補を受けた限度において補償金を直ちに返還することを請求することができる。

---

　６条は、補償対象者による補償金の返還について規定したものである。

1　補償対象者に図利加害目的があった場合の防御費用

　１項では、法430条の２第３項により会社に認められている法定の返還請求権について規定している。なお、「自己若しくは第三者の不正な利益を図り、又は当社に損害を加える目的」（図利加害目的）の意義については、Q66参照。また、同項および（同項とほぼ同内容である）本規定の趣旨からして、会社が補償対象者に図利加害目的があることを知っている場合には、これを拒絶することができるが（Q67）、会社はこれを調査する義務を負うものではないと解される（Q68）。

## 2　後日補償の対象外であることが判明した場合

　2項では、補償した費用等が後日5条各号に掲げる費用等であることを会社が知った場合の返還請求権について規定している。このような規定を設けずとも、会社は基本的に民法上の不当利得返還請求権を有することになるとも考えられるが（Q62参照）、明確性の観点等から規定を設けている。

## 3　別途填補を受けた場合

　3項では、補償対象者が補償金に係る費用等について別途填補を受けたときの返還請求権について規定している。5条10号と同趣旨であり、補償金を支払った後に填補を受けた場合には、損失の二重の填補となり相当でないためこのような規定を設けている。

# 8 補償対象者の誓約事項

---

第7条（補償対象者の誓約事項）
1. 補償対象者は、本職務の執行に関連して、自らが責任追及等を受けたときは、当社に対し、その旨を直ちに報告し、その後の経過についても適時に報告しなければならない。
2. 補償対象者は、責任追及等に対処するに際して、自らに法令違反若しくは責任がないことを証明し又は自らの責任を軽減するために必要かつ十分な防御活動その他の措置をとるよう努力しなければならない。
3. 補償対象者は、当社の事前の承諾なくして、本職務の執行に関連して第三者に生じた損害に関して、和解をしてはならない。
4. 補償対象者は、本契約に従い補償を受けた費用等又は当該補償に関する記録、資料その他の一切の情報を善良なる管理者の注意をもって保管し、当社が合理的に要求するときは、当該情報を提供しなければならない。

---

7条では補償対象者の誓約事項を規定している。

1 責任追及等を受けた場合の報告義務

1項では、補償対象者が職務の執行に関連して、自らが責任追及等を受けた場合には、会社に対して直ちに報告し、その後の経過についても適時に報告しなければならない義務を定めている。会社としても補償対象者が責任追及等を受けた場合には、直ちにこれを把握しておくべきであると考えられるし、防御費用を補償した後においては、責任追及等に係る紛争の結果次第で事業報告における開示の要否が決まることから（Q86）、その経過についても把握しておく必要がある。

## 2　防御義務

2項では、補償対象者が必要かつ十分な防御活動をする旨の努力義務を定めている。適切な防御活動がされないことによって、防御費用や損害金等が多額となる可能性もあるからである。

## 3　和解に際しての会社による事前の承諾

3項では、補償対象者は会社の事前の承諾なくして、第三者との間で和解をしてはならない旨を定めている。安易な和解がされ、不相当な和解金の補償義務を会社が負担しなければならなくなることを防止するための規定である。

## 4　補償対象者の情報提供義務

補償をした場合において取締役は取締役会に対する重要な事項の報告をしなければならないこととされているが（法430条の2第4項。Q42、43参照）、これに関する情報は補償対象者において保有されていることが想定される。また、1項で補償対象者による報告義務は課しているものの、それでは足りないという場合もある。

そこで4項では、明示的に会社が要求することができることを規定するとともに、補償対象者は記録を適切に保管しなければならないことを規定している。

# ⑨ 契約期間・終了

第8条（契約期間・終了）
1. 本契約の期間は、補償対象者が当社の［取締役］を退任する（再任される場合を除く。）時までとする。
2. 前項の規定にかかわらず、本契約は、前項の期間中の補償対象者による本職務の執行に関する部分について、なおその効力を有する。
3. 本契約の当事者は、相手方が本契約上の義務（第1項の期間満了後にあってはなおその効力を有する部分に限る。）に違反した場合には、書面で通知することにより本契約を解除することができる。
4. 本契約が前項に基づき解除された場合、本契約は、将来に向かってのみ効力を失うものとする。なお、前項に基づく解除については、第2項の規定は適用されない。
5. 第6条、本項及び第9条から第15条の規定は、第1項の期間満了又は前項に基づく解除後もなお効力を有する。

## 1　契約期間

　補償契約に法定の終了時期は存在しないが（Q32）、無期限ということも管理上相当でないから、1項では、本契約の期間を補償対象者が当社の［取締役］を退任するときまでとしている。再任された場合は「退任」には該当しないものとしているから、再任の都度補償契約の更新等をする必要はない。［取締役］の部分については、上記①参照。

　なお、本項は、辞任、解任、死亡などの退任の理由を問わず、適用がある。

## 2　期間満了の残存効

　補償対象者に対する責任追及等は、その在任中に限られず、退任後にもある可能性があり、補償契約においては、その点もカバーをしておく必要がある（Q46 参照）。そこで、2 項では、本契約の期間満了後も当該期間中に行われた「本職務の執行に関する部分」に限り、なお効力を有することとしている。

　「本職務の執行に関する部分」であれば、例えば、4 条や 5 条だけでなく、7 条の誓約事項や本条 3 項の解除に関する規定も全てなお効力を有することが想定されている。

　なお、「本職務の執行に関する部分」について、なお補償義務を負う期間について一定の期限を定めるということも考えられる。そのような場合には、「前項の規定にかかわらず」の後に、「前項の期間の満了後［〇年間］、」という文言を挿入することなどが考えられる。

　また、本モデルでは、本項は、1 項と同様に補償対象者が解任された場合についても適用がある前提となっている。しかし、例えば、非違行為等を理由として解任をした場合については本項の適用を除外するということもあり得る。


## 3　解除

　3 項では、相手方が本契約上の義務に違反した場合の解除について規定している。「第 1 項の期間満了後にあってはなおその効力を有する部分に限る」という文言は、2 項および 5 項の残存効によってなお有効となっている部分に基づき解除をすることができる旨を明確にするために規定している。


## 4　解除の将来効

　本契約に定められている補償対象者の義務の内容に照らせば、本契約が解除された場合であっても、遡及的に失効させることまです

る必要はないと考えられることから、4項では、解除の効果は将来
に向かってのみその効力を失わせるものとしている。したがって、
補償対象者は、仮に解除がされた場合であっても、過去に会社から
受けた補償金を当該解除を理由として返還する必要はない。

　4項のなお書きでは、解除された場合には、2項の適用はない旨
を規定している。本契約による保護が与えられなくなるというサン
クションを課すことで、義務を遵守させようという狙いもある。

## 5　期間満了または解除後の残存効

　5項では、6条、本項および9条から15条の規定については、期
間満了または解除後も引き続き存続する旨を規定している。これら
の規定は、存続させておくことが望ましいからである。なお、期間
満了の場合には、2項と5項の残存効に係る規定が重畳的に適用さ
れることとなる。

# 10　譲渡禁止

> 第9条（譲渡禁止）
> 1.　補償対象者は、当社の事前の書面による承諾を得ない限り、本契約上の地位又は本契約に基づく権利義務の全部又は一部について、第三者に対する譲渡、移転、承継、担保設定その他の方法による処分をしてはならない。但し、相続による承継を除く。
> 2.　補償対象者の相続人は、当社に対し、相続による承継があった旨を当社所定の書面にて届け出て、かつ、相続を証する書面として当社が合理的に要求する資料を提出しなければ、当社に対して前項ただし書による承継を主張することができない。

1　譲渡等の禁止

　1項本文では、補償対象者による本契約上の地位または本契約に基づく権利義務の全部または一部の譲渡等については、会社の事前の書面による承諾を得ない限りすることができないものとしている。民法上、契約上の地位は相手方の承諾なく譲渡することができないが（民法539条の2）、明確性の観点から規定することが望ましいし、①契約上の地位に限らず契約に基づく権利義務を含めていること、②譲渡以外の承継その他処分も対象としていること、③承諾は書面による承諾としていることから、民法がカバーする範囲を超えた内容となっており、実際に規定することに意義も認められる。

　なお、本モデルは補償対象者にのみこれを課しているが、会社側に課すこともあり得る。しかし、仮に会社側に課す場合には、合併等会社の将来のコーポレートアクションが本規定によって制限されることにならないように適切に除外事由を定めておくことが必要である。

## 2　相続による承継の除外

損害賠償債務が相続の対象となることを考慮すると、相続による承継は許容することが相当であるとも考えられることから、1項ただし書では、相続により補償対象者の権利義務を承継する場合についての除外を定めている。なお、補償対象者は死亡によって既に退任していることから、本契約は8条1項の規定によりすでに終了しており、その効力の範囲は同条2項および5項の範囲に限定されている状態である。

## 3　相続の届出等

2項では、補償対象者の相続人が本契約上の地位等の承継を会社に主張するための手続として、相続の届出等が必要である旨を規定している。

なお、会社所定の書面の内容や添付資料の内容については、あらかじめ、会社として内部規程等で明確にしておくことが望ましい。

## ⑪　本契約の変更

> 第10条（本契約の変更）
> 　本契約は、当社及び補償対象者が書面により合意した場合にのみ変更又は修正することができる。

　10条では、契約の変更または修正には当事者間の「書面」による合意が必要である旨を規定することとしている。

### 1　法令に適合しない場合の改廃の例外

　本条については、以下のとおり、本契約が法令に適合しない場合について、会社が補償対象者に書面で通知をすることにより所要の条項を改廃することができる旨を例外として規定することも考えられる。

○　法令に適合しない場合の例外を含めた規定

> 第10条（本契約の変更）
> 1.　本契約は、当社及び補償対象者が書面により合意した場合にのみ変更又は修正することができる。
> 2.　前項の規定にかかわらず、本契約の条項が法令の規定に適合しないことが判明した場合又はこれに適合しなくなることが見込まれ若しくは適合しなくなった場合には、当社は、補償対象者に書面で通知をすることにより、所要の条項を改廃することができる。

　同種の規定は、ストックオプションを付与する際の割当契約などにおいて実務上規定されることがある。もっとも、本契約に基づく補償は法令に反しない範囲で行われるものでもあり（3条、5条11号）、補償対象者からすると、法令に適合しない部分があるとして

も会社が一方的に改廃することができるものとされることについて
応諾に抵抗を覚えることも考えられる。

2　細則制定権

　本条に関連して、以下のとおり、別途補償に関する細則について
会社が制定、改廃することができ、補償対象者がこれに従うものと
する旨の規定を設けることも考えられる。かかる規定も、ストック
オプションを付与する際の割当契約などにおいて実務上規定される
ことがある。

○　細則制定権の例

> 第○条（細則制定権）
> 1.　当社は、本契約に関する細目を規定するため、補償に関する規程
> 　　（以下「規程」という。）を制定し、これを改廃することができ、
> 　　補償対象者は、これに従うものとする。
> 2.　当社は、前項により規程を制定し、又はこれを改廃した場合、速
> 　　やかにこれを被補償者に対して通知しなければならない。

　もっとも、上記のような規定があったとしても、補償対象者に不
意打ちを与えるような細則の制定や改廃については補償対象者に対
して法的拘束力を有しないとされる可能性はあり得る。また、そも
そも、本契約書上、「細則」とはいえ会社が一方的に補償に関する
諸条件を定めることを明記することについて、補償対象者にとって
は応諾することに抵抗を覚えることも考えられる。

　なお、本条の有無にかかわらず、本契約において「会社所定の」
としている部分や「合理的に要求」することとしている部分につい
ては、内部規定等を定めることは可能であり、かつそれが望ましい
と考えられる。

# 12　住所等の届出

第11条（住所等の届出）
1. 補償対象者は、本契約書末尾の署名又は記名押印欄記載の補償対象者の住所から転居する場合には、当社に対し、当社所定の書面により、転居後の住所（日本国外への転居の場合には、転居後の住所及び日本国内の連絡場所）を届け出なければならない。
2. 補償対象者が前項による届出を行わない場合、補償対象者から当社に対し届出がされた最後の住所又は日本国内の連絡場所（補償対象者から当該届出がされたことがない場合には、本契約書末尾記載の署名又は記名押印欄記載の補償対象者の住所）をもって、補償対象者の住所又は日本国内の連絡場所とみなす。
3. 当社による補償対象者に対する意思表示、催告、通知その他の連絡は、補償対象者の住所又は日本国内の連絡場所に、通常到達すべき時期に到達したものとみなす。

　11条は、補償対象者への通知先等に関する規定を定めている。

　1項では、補償対象者が転居する場合には、転居後の住所を届け出なければならない旨を定めている。なお、日本国外に転居することも考えられるが、その場合には、会社から転居先への連絡が容易でない場合もあることから、日本国内の連絡場所も届け出なければならないこととしている。なお、会社所定の書面の内容については、あらかじめ、会社として内部規程等で明確にしておくことが望ましい。

　また、2項では補償対象者が届け出ない場合には、最後の住所または日本国内の連絡場所をもって通知先とみなすものとしている。

　そして、3項では、意思表示および通知の到達時期について、補償対象者の住所または日本国内の連絡場所に通常到達すべき時期に到達したものとみなすものとしている。

# 13 第三者の権利

第 12 条（第三者の権利）
　本契約は、第三者のためにする契約と解されてはならず、第三者
は、本契約に基づきいかなる権利も主張することができない。

　本契約は、第三者からの責任追及等や、第三者に生じた損害の賠
償に起因する補償等に関する規定を設けているが、このような規定
が第三者のためにする契約（民法 537 条）と解されてしまうと、第
三者が債務者に対して利益を享受する意思を表示することによっ
て、本契約上の権利を有することとなってしまうことになりかねな
い。
　そのようなことは想定されないことを明確化する観点から、本条
では、本契約が第三者のためにする契約と解釈されてはならない旨
等を規定している。

# 14 言　　語

第13条（言語）
　本契約は、日本語により作成され、締結されるものとする。本契約が日本語以外の言語に翻訳された場合も、当該翻訳は本契約の解釈に影響しない。

　補償契約は外国籍の役員等と締結されることもあることから、13条では言語に関する規定を定めている。上記では日本語としているが、会社として許容可能なのであれば、英語等を言語とすることも考えられる。ただし、いかに正確な翻訳であっても、翻訳と原文の意味するところやそこから導かれ得る解釈が完全に同一となることはないため、複数の言語をいずれも正文とすることは、紛争を未然に防止する観点からは避けるべきである。

# 15 準拠法・管轄

第14条（準拠法・管轄）
1. 本契約は、日本法に準拠法し、これに従って解釈される。
2. 本契約に関する一切の紛争については、○○地方裁判所を第一審の専属的合意管轄裁判所とする。

　補償契約は外国籍の役員等と締結されることもあることから、14条では準拠法を日本法とし、東京地方裁判所を専属的合意管轄裁判所として規定している。

　なお、補償契約のように日本法に根拠を有し、役員等の会社に対する責任と密接に関係し、会社と役員等との関係を規律する契約は日本法により規律されるものとしておくほうが疑義が少ないと考えられ、本契約の準拠法を外国法として定めると、それを法律上どのように評価すべきかが極めて不明確になることから、準拠法として日本法以外を選択することは避けるべきである。

# 16　誠実協議

第 15 条（誠実協議）
　当社及び補償対象者は、本契約の条項に関して疑義が生じた事項及び本契約に定めのない事項については、誠実に協議の上解決する。

　15 条では、本契約の条項に関して疑義が生じた事項および本契約に定めのない事項については、誠実に協議の上解決する旨を規定している。比較的定められることの多い条項である。

# 17　署名頁

---

本契約の締結を証するため、本契約書 2 通を作成し、各当事者
が各 1 通を保有する。


○年○月○日


　　　　　当社：[住所]
　　　　　　　　[名称]
　　　　　　　　[代表者記名・押印]



　　　　補償対象者：[住所]
　　　　　　　　　　[氏名・記名押印又は署名]

---

　本契約は原本を 2 部作成し、それぞれの当事者が 1 部ずつ保有す
ることとしている。補償契約には印紙税がかからないことから、金
銭消費貸借契約のように原本をあえて 1 部とする必要もない。
　なお、契約の締結については、補償対象者は会社の役員等である
ことも踏まえて書面に署名または記名押印して作成する方法を用い
ているが、日本法上は合意の方式に制限はなく、電子署名などによ
ることも可能である。

---

補償契約

Ｘ株式会社（以下「当社」という。）及びＹ（以下「補償対象者」という。）は、補償対象者による当社の［取締役］としての職務（［当社の使用人を兼務している場合における当該使用人としての職務を含み、］以下「本職務」という。）の執行に関し、会社法430条の2第1項に規定する補償契約（以下「本契約」という。）を、以下のとおり締結する。

第1条（目的）
　本契約は、当社の企業価値維持・向上の観点から、補償対象者に対して必要な範囲で補償を提供することによって、補償対象者に対して本職務を適切に執行するインセンティブを付与し、かつ、責任追及等に対する必要な防御手段を与えることを目的とする。

第2条（定義）
　本契約において使用される以下の用語は、以下に定める意味を有する。
　(1)　「責任追及等」とは、法令の規定に違反したことが疑われ、又は責任の追及に係る請求を受けることをいう。
　(2)　「賠償金」とは、補償対象者が第三者に生じた損害を賠償する責任を負う場合において、補償対象者が賠償することにより補償対象者に生ずる損失をいう。なお、賠償金は、補償対象者が当該第三者に対して損害を賠償することにより発生する。
　(3)　「賠償金等」とは、賠償金及び和解金を総称していう。
　(4)　「法令」とは、国内外の条約、法律、政令、通達、規則、命令、条例、ガイドライン、金融商品取引所その他の自主規制機関の規則その他の規制をいう。
　(5)　「防御費用」とは、補償対象者が、責任追及等に対処するために支出する費用をいう。なお、防御費用は、補償対象者が当該費用に係る支出を要することとなった時点で発生する。
　(6)　「和解金」とは、第三者に生じた損害の賠償に関する紛争について当該第三者と補償対象者間に和解が成立した場合において、補償対象者が当該和解に基づき金銭を支払うことにより

補償対象者に生ずる損失をいう。なお、和解金は、補償対象
者が当該金銭を支払うことにより発生する。

第３条（補償）
　当社は、本契約の規定に従い、かつ法令に反しない範囲内で、本職
務の執行に関連して補償対象者に生ずる費用又は損失（以下「費用
等」という。）を、補償対象者に対して補償する。

第４条（補償請求）
1.　補償対象者は、防御費用又は賠償金等の補償を当社に対して請求
　　する場合には、当該請求に係る費用等（以下「対象費用等」とい
　　う。）の金額その他の内容を具体的に記載した当社所定の書面に
　　より行わなければならず、かつ、当社が合理的に要求する資料を
　　提供しなければならない。
2.　前項の規定に従った請求（前項に定める資料の提供を含む。以下
　　「補償請求」という。）があった場合には、当社は、対象費用等が
　　次条各号に定める費用等に該当する場合を除き、対象費用等に相
　　当する額の金銭（以下「補償金」という。）を、補償請求があっ
　　た日から〇営業日以内に補償対象者が別途指定する銀行口座に振
　　り込む方法により支払う。
3.　補償対象者が対象費用等に係る第三者への債務の弁済をしていな
　　いときは、当社は、補償金の全部又は一部について、前項の振込
　　みに代えて、当該債務を補償対象者に代わって弁済する方法によ
　　り支払うことができる。

第５条（補償の例外）
　本契約の規定にかかわらず、以下の費用等については、当社は補償
をすることを要しない。
　（1）　本職務の執行に関連しない費用等
　（2）　未発生の防御費用
　（3）　通常要する費用の額を超える防御費用
　（4）　未発生の賠償金等（金額が確定している場合を除く。）
　（5）　当社に生じた損害に係る賠償金等
　（6）　補償対象者がその職務を行うにつき悪意又は重大な過失が
　　　　あったことにより損害を賠償する責任を負う場合における当
　　　　該損害に係る賠償金等

　　(7)　第三者に生じた損害に係る賠償金等のうち、当社が当該第三
　　　　　者に対して損害を賠償するとすれば補償対象者が当社に対し
　　　　　て会社法第 423 条第 1 項の責任を負うこととなる部分
　　(8)　第 7 条第 3 項に違反して補償対象者が和解をした場合の和解
　　　　　金［(当社が相当と認めるときを除く。)］
　　(9)　保釈保証金、過料、課徴金又は罰金
　　(10)　会社法第 430 条の 3 第 1 項に定義される役員等賠償責任保
　　　　　険契約（以下「役員等賠償責任保険契約」という。）に基づ
　　　　　く保険金の支払いその他の理由により別途填補を受けた費用
　　　　　等
　　(11)　補償することで当社が法令に違反し、又は当社の取締役が善
　　　　　管注意義務に違反することとなる費用等


第 6 条（補償金の返還）
1.　当社は、補償対象者に防御費用を補償した場合において、補償対
　　象者が自己若しくは第三者の不正な利益を図り、又は当社に損害
　　を加える目的で本職務を執行したことを知ったときは、補償対象
　　者に対し、補償した金額に相当する金銭を返還することを請求す
　　ることができる。
2.　当社は、補償対象者に補償した費用等が、前条各号に掲げる費用
　　等であることを知ったときは、補償対象者に対し、補償した金額
　　に相当する金銭を返還することを請求することができる。
3.　当社は、補償対象者に補償した費用等について、補償対象者が役
　　員等賠償責任保険契約に基づく保険金の支払いその他の理由によ
　　り別途填補を受けたことを知ったときは、補償対象者に対し、当
　　該填補を受けた限度において補償金を直ちに返還することを請求
　　することができる。


第 7 条（補償対象者の誓約事項）
1.　補償対象者は、本職務の執行に関連して、自らが責任追及等を受
　　けたときは、当社に対し、その旨を直ちに報告し、その後の経過
　　についても適時に報告しなければならない。
2.　補償対象者は、責任追及等に対処するに際して、自らに法令違反
　　若しくは責任がないことを証明し又は自らの責任を軽減するため
　　に必要かつ十分な防御活動その他の措置をとるよう努力しなけれ
　　ばならない。

3. 補償対象者は、当社の事前の承諾なくして、本職務の執行に関連して第三者に生じた損害に関して、和解をしてはならない。
4. 補償対象者は、本契約に従い補償を受けた費用等又は当該補償に関する記録、資料その他の一切の情報を善良なる管理者の注意をもって保管し、当社が合理的に要求するときは、当該情報を提供しなければならない。

第8条（契約期間・終了）
1. 本契約の期間は、補償対象者が当社の［取締役］を退任する（再任される場合を除く。）時までとする。
2. 前項の規定にかかわらず、本契約は、前項の期間中の補償対象者による本職務の執行に関する部分について、なおその効力を有する。
3. 本契約の当事者は、相手方が本契約上の義務（第1項の期間満了後にあってはなおその効力を有する部分に限る。）に違反した場合には、書面で通知することにより本契約を解除することができる。
4. 本契約が前項に基づき解除された場合、本契約は、将来に向かってのみ効力を失うものとする。なお、前項に基づく解除については、第2項の規定は適用されない。
5. 第6条、本項及び第9条から第15条の規定は、第1項の期間満了又は前項に基づく解除後もなお効力を有する。

第9条（譲渡禁止）
1. 補償対象者は、当社の事前の書面による承諾を得ない限り、本契約上の地位又は本契約に基づく権利義務の全部又は一部について、第三者に対する譲渡、移転、承継、担保設定その他の方法による処分をしてはならない。但し、相続による承継を除く。
2. 補償対象者の相続人は、当社に対し、相続による承継があった旨を当社所定の書面にて届け出て、かつ、相続を証する書面として当社が合理的に要求する資料を提出しなければ、当社に対して前項ただし書による承継を主張することができない。

第10条（本契約の変更）
　本契約は、当社及び補償対象者が書面により合意した場合にのみ変更又は修正することができる。

第11条（住所等の届出）
1.　補償対象者は、本契約書末尾の署名又は記名押印欄記載の補償対象者の住所から転居する場合には、当社に対し、当社所定の書面により、転居後の住所（日本国外への転居の場合には、転居後の住所及び日本国内の連絡場所）を届け出なければならない。
2.　補償対象者が前項による届出を行わない場合、補償対象者から当社に対し届出がされた最後の住所又は日本国内の連絡場所（補償対象者から当該届出がされたことがない場合には、本契約書末尾記載の署名又は記名押印欄記載の補償対象者の住所）をもって、補償対象者の住所又は日本国内の連絡場所とみなす。
3.　当社による補償対象者に対する意思表示、催告、通知その他の連絡は、補償対象者の住所又は日本国内の連絡場所に、通常到達すべき時期に到達したものとみなす。

第12条（第三者の権利）
　本契約は、第三者のためにする契約と解されてはならず、第三者は、本契約に基づきいかなる権利も主張することができない。

第13条（言語）
　本契約は、日本語により作成され、締結されるものとする。本契約が日本語以外の言語に翻訳された場合も、当該翻訳は本契約の解釈に影響しない。

第14条（準拠法・管轄）
1.　本契約は、日本法に準拠し、これに従って解釈される。
2.　本契約に関する一切の紛争については、〇〇地方裁判所を第一審の専属的合意管轄裁判所とする。

第15条（誠実協議）
　当社及び補償対象者は、本契約の条項に関して疑義が生じた事項及び本契約に定めのない事項については、誠実に協議の上解決する。
　　　　　　　　　　　　　　　　（以下余白）

本契約の締結を証するため、本契約書2通を作成し、各当事者が各1通を保有する。

〇年〇月〇日

　　　　　　当社：［住所］
　　　　　　　　　［名称］
　　　　　　　　　［代表者記名・押印］


　　　補償対象者：［住所］
　　　　　　　　　［氏名・記名押印又は署名］

# 著者紹介

## 邉　英基（べん　ひでき）

弁護士・ニューヨーク州弁護士。慶應義塾大学法学部法律学科、ミシガン大学ロースクール卒業。2008 年森・濱田松本法律事務所に入所、2014 年から 15 年までギブソン・ダン・アンドクラッチャー法律事務所のロサンゼルスオフィスにて執務。その後同年 7 月から 2018 年 12 月まで法務省民事局にて会社法改正法の立案などを担当。

[主な著書]

『Before/After　会社法改正』（弘文堂、2021 年、共編著）、『一問一答 令和元年改正会社法』（商事法務、2020 年、共著）、『事例でわかるインサイダー取引』（商事法務、2013 年、共著）、『事例分析からみた上場会社法制の現状——上場会社投資と資本政策（別冊商事法務 No.364）』（商事法務、2011 年、共著）

**会社補償　Q＆Aとモデル契約**

2021年3月25日　初版第1刷発行

著　　者　　邉　　　英　基

発　行　者　　石　川　雅　規

発　行　所　　株式会社　商　事　法　務

〒103-0025 東京都中央区日本橋茅場町 3-9-10
TEL 03-5614-5643・FAX 03-3664-8844〔営業〕
TEL 03-5614-5649〔編集〕
https://www.shojihomu.co.jp/

落丁・乱丁本はお取り替えいたします。　　　　　印刷／広研印刷㈱
© 2021 Hideki Ben　　　　　　　　　　　　　　Printed in Japan
Shojihomu Co., Ltd.
ISBN978-4-7857-2855-7
＊定価はカバーに表示してあります。